国家出版基金项目
NATIONAL PUBLICATION FOUNDATION

中华民族文化大系

【拉祜族】

澜沧笙歌

主编 刘劲荣 张锦鹏

总顾问单位 国家民族事务委员会

上海锦绣文章出版社 上海文化出版社

中华民族文化大系

《澜沧笙歌——拉祜族》

主 编

刘劲荣（拉祜族） 云南民族大学教授

张锦鹏 云南大学教授

撰稿专家(按章节顺序排列)

刘劲荣（拉祜族） 云南民族大学教授

张锦鹏 云南大学教授

熊开万 昆明学院讲师

张劲夫（拉祜族） 云南民族大学讲师

杜杉杉 美国图兰大学教授

谭学金（傣族） 云南广播电视台主任编辑

黄凌飞 云南艺术学院教授

苏翠薇（拉祜族） 云南省社会科学院研究员

姚 倬 上海画报社资深记者

澜沧拉祜族自治县南岭乡勐炳村龙潭老寨，是保存最为完好的拉祜族原生态村落之一(图/李平)

阿地里·居玛吐尔地(柯尔克孜族)

陈　倩
陈　徵
陈丹正
陈勤建
罗春寒(水族)
和少英(纳西族)
金黎燕(景颇族)
周亚成
周志军
周国茂(布依族)
周艳梅
郑继强(仡佬族)
房剑森
孟旭彦
赵卫星
赵昌平
郝苏民(回族)
胡文明(普米族)
段　超(土家族)
俞惠煜
姜复生
姜逸青
袁晓文(藏族)
都永浩(朝鲜族)
贾合甫·米尔扎汗(哈萨克族)
夏　蒙
夏一鸣
热依拉·达吾提(维吾尔族)
铁穆尔(裕固族)
徐　炯
徐艺乙
高志英(纳西族)
高韵斐
郭　锐(佤族)
郭志超(回族)
郭建斌
黄永松
曹先强(阿昌族)
鄂崇荣(土族)
康南山(傣族)
彭卫国(土家族)
葛剑雄
蒋澄澜
覃德清(壮族)
傅爱明
街顺宝(彝族)
童翔蔚
蓝炯熹(畲族)
赖永良(德昂族)
蔡武成(傈僳族)
阚宁辉
樊人龙
滕春华(俄罗斯族)
颜莹舫
毅　松(达斡尔族)
潘晓岗

盛装的拉祜族妇女(图/郑宪章)

弘扬优秀民族文化
打造传世文化精品

中国自古就是一个统一的、多民族的国家，各民族之间交往频繁，相互依存，相互融通，血肉相连。上下五千年的中国史，就是各民族交往交流交融的历史，各民族的交往交流交融也是中华民族自我完善发展的强大推力。我国各民族都是中华民族大家庭中的成员，各民族团结进步是中华民族的生命所在、力量所在、希望所在。只有加强各民族交往交流交融，在共同生产生活和工作学习中加深了解、增进感情，才能促进各民族和睦相处，像石榴籽那样紧紧抱在一起，在中华民族大家庭中守望相助、和谐共生。

文化是民族的精神血脉，积淀着民族深沉的精神追求，代表着民族独特的精神标识，文化自信是国家发展更基本、更深层、更持久的力量。中华文化是一个有机的整体，优秀的民族文化是中华民族深厚的历史文化和丰富的人文风情的重要组成部分。中国56个民族的文化尽管个性纷呈，但是它们都深深根植于整个中华民族文化的丰厚土壤里，既特色多元又融为一体，“各美其美，美美与共”，共同创造了源远流长、灿烂辉煌的中华文化，对延续和发展中华文明、促进人类文明进步，发挥着非常重要的作用。

各民族优秀的文化事项和文化元素，不仅是各民族的文明精华，更是今天整个中国文化大发展的源头和根基。我们要坚持辩证唯物主义和历史唯物主义，不断赋予新的时代内涵和现代表达形式，不断补充、拓展、完善，使中华民族最基本的文化基因与当代文化相适应、与现代社会相协调、与时代需求相结合。优秀的民族文化元素一旦与现代理念和技术相结合，必将焕发出勃勃生机，有利于中华文化在今天的世界多元文化中彰显出自己的特色与个性，有利于促进新一轮的中华文化大发展。

习近平总书记在中央民族工作会议上指示：“让各族人民增强对伟大祖国的认同、对中华民族的认同、对中华文化的认同、对中国特色社会主义道路的认同。我们越是接近民族复兴的目标，就越需要汇聚全民族的磅礴之力。”民族问题是事关国家长治久安的核心和要害问题，民族团结是实现中华民族伟大复兴中国梦的基石和“助推器”，向广大民众展示、解读、传播、弘扬各民族优秀文化，促进各民族相互了解、相互尊重、相互包容、相互欣赏、相互学习、相互帮助，具有十分重要的意义，是非常必要、非常迫切的任务。只有加强民族之间的相互了解，才能消除偏见和误会，让民族团结之花常开长盛，共建美好的中华民族大家园。

上海文艺出版社、上海市国际文化传播协会、上海文坊文化传播有限公司多年来一直致力于中华民族优秀传统文化的弘扬及其创造性转化和创新性发展，取得了诸多成果。由三家单位策划的这套“中华民族文化大系”大型丛书汇集众多民族文化研究成果，集聚一流的民族文化专家学者，解读各民族悠久灿烂的文化，展示中华民族共同的精神家园，极大丰富了国民的文化认知。为配合做好新形势下的民族工作，出版这类既有主体观、本土观，也有他者观、国家观，既立足于学术，又为群众喜闻乐见的普及型著作，可谓恰当其时。这套丛书虽然是一部以传统纸质印制的图书，但又不拘泥于纸张，利用现代理念和技术进行文化整合创新，使传统图书与各种新兴媒体表现手段有机结合，在可读性、大众化方面进行了独具中国特色和当下风格的内容表达与视觉呈现的探索，以期让读者获得更完整、更全面的阅读体验。

我国众多民族与周边各国的民族和人民之间有着千丝万缕的联系，而民族文化具有独特的魅力以及广泛的文化传播力，尤其是与“一带一路”国家战略高度契合。希望这套丛书可以推动中华优秀文化的国际传播，推动中外文化的交流互鉴，成为中国民族文化“走出去”的力作。同时，这套丛书也将以令人信服的内容成为世界准确客观了解中国的窗口，并回答国际社会对我国民族问题的关切和期待。

2016年12月29日，习近平总书记致信祝贺《大辞海》出版暨《辞海》第一版面世80周年，对出版工作作出了“坚定文化自信，坚持改革创新，打造传世精品”的重要指示，作为富有责任感、使命感的出版文化工作者，我们更有义务做好弘扬优秀民族文化、打造传世精品的工作，讲好中国故事，谱写中国篇章，宣传中国文化，担当中华优秀文化的传承者和守卫者。

本书编委会

2017年6月

目录　CONTENT

目录 CONTENT

第2章
来自远古的吟唱：《牡帕密帕》
创世史诗
49

第3章
"厄莎"至上：拉祜人的精神世界
宗教文化
71

目录 CONTENT

目录 CONTENT

第6章
林中的彩虹
服饰
127

目录 CONTENT

我出生在中缅边境的一个拉祜族聚居村，
村旁的哈尼玛山森林密布，
漫步其中，鸟鸣深涧，令人心旷神怡。
村寨里的人们生活得怡然自得，与世无争。
擅长打猎的拉祜人，不管谁在哈尼玛山打到猎物，无论大小，
必定将猎物的各个部分平均分配给村里的每一户人家。

拉祜山乡
——我永远的美丽天堂

刘劲荣（拉祜族）
云南民族大学教授

》我出生在中缅边境的一个拉祜族聚居村，村旁的哈尼玛山森林密布，漫步其中，鸟鸣深涧，令人心旷神怡。村寨里的人们生活得怡然自得，与世无争。擅长打猎的拉祜人，不管谁在哈尼玛山打到猎物，无论大小，必定将猎物的各个部分平均分配给村里的每一户人家。在这里，“谋闭而不兴，盗窃乱贼而不作”，这里就是我童年生长的地方，我永远的美丽天堂。

》拉祜族史诗称自己的祖先最早生活在“北基南基”（古地名），这里有茂密的森林和望不到边的竹林，七山七水在这里相汇，一望无际的大湖与天地相连，是“太阳月亮洗澡的地方”。经过历史学家考证，拉祜族先民属古代羌人族系，祖先从青海湖一带辗转南下，历经各种坎坷和战争，最终定居在云南省西南部和东南亚一些国家。拉祜族先民在迁徙中居住过的地方，都是青山隐隐、绿水悠悠的世外桃源。清澈如镜的泸沽湖，山雄水秀的大理，美丽富饶的临沧，翠绿如画的澜沧，神秘雄奇的镇沅，在拉祜族口传历史中都有涉及。在长期的迁徙历程中，拉祜族作为中华民族大家庭中的重要一员，与各族人民共同奋斗，彼此融合、影响，共同铸就了一个团结统一的多民族国家——中国。

山林之间的拉祜族村庄，宁静而又美丽（图/陈丹正）

《送荷包》
扫描二维码，优美的音乐会在您耳边响起

主编肖像绘制/丁德武

》 拉祜语是汉藏语系藏缅语族彝语支的一种独立语言。本民族人大多自称“拉祜”。拉祜人对自己族称的这种高度认同，在各少数民族中是不多见的，特别是在唱完一段古老的唱词后，末句最后都要加上“拉祜”一词。拉祜族的族称一直与动物之王“虎”联系在一起。记得我在泰国北部拉祜族聚居区调查时，收集到族称与“虎”有关的珍贵资料，他们认为“拉祜”中的“拉”是“虎”的意思，而“祜”是养育的意思，“拉祜”意为“养育老虎”。后来我在双江拉祜族佤族布朗族傣族自治县调查时，又获得了一些与虎崇拜有关的资料。这与国内诸多彝语支民族崇拜“虎”的习俗不谋而合。因此，我更倾向于把“拉祜”解释为“对虎的一种崇拜”。

》 1957年，以拉祜族为背景的电影《芦笙恋歌》上映了，其主题歌《婚誓》立即传唱大江南北，广受大家喜爱，人们甚至因此爱上芦笙这种乐器。“阿哥阿妹情意长，好像那流水日夜响，流水也会有时尽，阿哥永远在我身旁……”这样的情歌一般是从“火把节”开始就在村村寨寨里响起，小伙子们三五成群，结伴来到有姑娘家的房外吹芦笙，用芦笙曲邀请姑娘到外面对歌谈情。姑娘们听到小伙子们吹的芦笙，就换上漂亮干净的衣服，围上心爱的包头，拿着口弦和“哩嘎嘟”（一种短笛）相约到村外。男女青年围坐在篝火旁对唱情歌，选择心仪的对象。情歌是即兴之作，小伙子用比喻性的优美歌词拨动对方的心弦，如果姑娘有心并投入对唱，表示相爱之情，小伙子就主动去抢姑娘的包头，而姑娘则要去追自己的包头。若双方有意，就在相互的追逐中相约到山上相会，表达彼此的爱情。如果姑娘不中意这个小伙子，就托人向小伙子要回包头，男方也会将原物奉还，不结怨，

心灵手巧的拉祜族姑娘编织出五彩的服饰（图/姚倬）

也不会因此伤害对方。

》 我们拉祜人认为天地万物都是成双成对的，太阳和月亮是一对，天和地是一对，山和水是一对，筷子要一双才能用，所以在我们的婚姻观念中男人和女人也是要成双成对的，婚姻应从一而终、白头偕老。拉祜族离婚的现象极少，人们认为离婚是一件可耻的事情。如果双方都愿意离婚，那么双方都要受到惩罚，要出钱请全寨人吃东西。离婚仪式也较为简单，由村寨头人用火将双方共牵的丝线烧断，即表示双方解除了婚姻关系。在浮躁又充满诱惑的现代社会，我们这种对爱情和婚姻的信仰就显得弥足珍贵。

葫芦是拉祜族的标志(图/谭春)

》 拉祜族人崇尚自由恋爱，一般父母都会支持子女自己寻觅心上人。但是如果男女双方恋爱遭到父母的反对，不能结成夫妇，往往会选择殉情自杀，因为他们相信就算生时无法结成对，死后在另一个世界也会走在一起。

》 拉祜族的情歌动人，大多采用对唱的形式，词语丰富，曲调优美。有表达甜蜜的初次相会的《等妹》："阿妹来身边，赤脚光身心也暖。"有表达互相思念和爱慕之情的《月亮爬上了山》："阿哥是黑木弓，阿妹是龙竹箭，木弓弹出竹箭飞，阿哥阿妹分不开。"

》 除了情歌外，拉祜人平时唱的歌曲欢快优美，充分体现了拉祜人热爱生活、乐观向上的生活态度。我的童年就是伴着父亲的小三弦声度过的，绿意盈盈的小庭院中，父亲在工作之余弹起小三弦，我们姐弟三人小手牵小手围着父亲唱唱跳跳，而母亲则在一旁看着我们，脸上总是挂着满足而惬意的微笑。童年的记忆是美好的，我们拉祜人的生活就是这样简单而快乐，就像那首《快乐拉祜》唱的那样："我们是快乐的拉祜人，将快乐到永远……"

》 我们姐弟三人最期待的日子要数春节了，这是我们小朋友最开心的时候。村子里杀猪宰鸡，炭火上滋滋作响的烤肉，十多种作料配成的鸡肉稀饭，足以让小馋猫们馋涎欲滴了。到了晚上，大人们点上火把，男子手拿芦笙在中间边吹边跳，女子则手拉手围成一圈或几圈随着节奏起舞，随着曲调变换舞蹈动作。拉祜族地区广为流传的舞蹈有"芦笙舞""摆舞""跳歌"等，粗犷、豪爽，内涵丰富，具有浓郁的民族性和广泛的群众性。令人难以忘怀的是大年初一的"抢新水"。鸡叫头遍，全寨男女老少扛着竹筒，点着火把，争先恐后去山泉边"抢新水"，谁最先抢到，就预示着谁家的瓜果粮食最先熟，并将获得丰收。大家把抢来的新水给老人洗脸刷牙，以孝敬老人，这种风俗一直保留到现在。

》 拉祜族茶文化历史悠久，茶已经成为每家每户必备的饮品。我们爱饮茶，也爱种茶。

拉祜族居住的地方历来都种植茶叶，以普洱茶闻名的景迈山就坐落在澜沧拉祜族自治县，占地18.7平方公里的景迈山千年万亩古茶园吸引了众多中外游客。古茶园的茶叶很早就由马帮驮到普洱进行交易，自元代起就销往缅甸、泰国等东南亚国家，更让人称奇的是许多古茶树上寄生着具有神奇药用价值的植物——“螃蟹脚”。曾经到古茶园考察的专家学者称这片古茶园是珍贵的“茶文化历史博物馆”。另外，有拉祜族聚居的双江县冰岛村以盛产冰岛大叶种茶而闻名。冰岛茶回甘效果持久，汤色鲜亮，叶底柔软、匀称，茶味浓厚、细腻，茶杯内蜜香浓郁，久久不散。

》 茶文化也是布朗族、基诺族、傣族等兄弟民族的共同文化。长期以来，云南各族人民相互学习，共同发展，形成了你中有我、我中有你、谁也离不开谁的多元一体格局，云南各族的茶文化某种程度上正很好地诠释了千百年来中华民族文化的不断融合、凝聚。

》 2008年，应中央电视台《民歌中国》栏目邀请，我为《民歌中国》节目做拉祜族创世史诗《牡帕密帕》的解说。《牡帕密帕》于2006年5月经国务院批准列入第一批国家级非物质文化遗产名录，李扎戈、李扎倮被列为第一批国家级非物质文化遗产项目代表性传承人。两位老人从13岁开始学习，到40岁才出师，他们一生中的大部分时间都献给了《牡帕密帕》，他们可以连续七天七夜吟唱这部史诗。《牡帕密帕》有着浓厚的神话色彩，以丰富的想象力和创造精神，对造天造地、人类的起源、自然生态和万事万物的形成、各种自然力和自然现象等都有传奇般的叙述，对原始游猎、农事活动、季节和节令、分配制度、风俗习惯等也有生动的反映，是我们拉祜族社会生活的精神支柱和百科全书，也是拉祜族历史文化的结晶，民间文学的源泉。

吹起拉祜人最爱的芦笙（图/陈丹正）

用葫芦盛水，迎接远道而来的客人（图/李平）

》拉祜族在历史上经过了长期的游猎阶段，狗便成为人们最初的亲密伙伴和助手，它在捕捉野兽、防止袭击方面为人们做出了贡献。还有传说称，谷种是天神“厄莎”托狗带给人间的。在我小时候，每年新米节时，要把第一碗新米饭喂给狗吃。拉祜族山寨，家家户户都爱养狗，对狗不得重打，不得食狗肉，这已经成为祖祖辈辈传下来的规矩。

》2011年，我应邀到美国参加一个学术研讨会，利用这难得的机会，我到加利福尼亚州寻找拉祜同胞，我和这些同胞素未谋面却又血脉相连，当我们讲起共同的语言时亲切感油然而生。我们常说，散落在世界各地的拉祜族人就像一根藤上的葫芦，无论走到哪里，我们的根都在一起。

》我从中缅边境的一个拉祜族自然村走到省城读书，成为一名大学教师，转眼几十年过去了，勤劳、勇敢、奋进不息的拉祜民族精神一直在鞭策着我。我怎能忘记她，青山绿水的哈尼玛山。拉祜山乡，你是我永远的美丽天堂！

》呈现在读者面前的这本书，是我和几位拉祜族研究专家通力合作的成果，其中也包含着编辑们的辛勤劳动。“观之上古，验之当世，参以人事”，弘扬和保护本民族传统文化，汲取其中的精华和特色，努力实现创造性转化和创新性发展，不光有助于拉祜族人民了解自身的传统，同时也有助于增强文化认同，建设各民族共有的精神家园，积极培养中华民族共同体意识。愿这本书伴着拉祜人的芦笙恋歌，走进千家万户；也期盼祖国各兄弟民族以及海外读者，从这本书开始，走进拉祜山乡，走进拉祜人悠久的历史文化和淳朴的心灵世界。

打起神鼓，与神灵沟通（图/谭春）

拉祜族

拉祜族分布手绘示意图
（绘图/ZITAO）

人口与分布

拉祜族人口有485966人（2010），主要分布在云南省西南部山区，澜沧江东西两岸的普洱、临沧两市。此外，西双版纳傣族自治州、红河哈尼族彝族自治州、玉溪市等地也有少量分布。近80%的人口集中于澜沧江以西，北起临沧、耿马，南至澜沧、孟连的区域内。拉祜族分布特点为大分散、小集中，虽与佤、傣、哈尼、布朗、彝、汉等民族交错而居，但基本上是聚族聚寨而居。

环境与资源

拉祜族居住于云南省西南部山区，大多生活于高山地带，山高坡陡，交通闭塞，居住环境恶劣。当地自然资源丰富，矿产有铅、锌、锰、锡、钨等。盛产云南松、思茅松、三棱栎、铁杉、楠木、柚木、美登木、椿、樟等珍贵林木和芒果、菠萝、菠萝蜜、芭蕉、木瓜、香蕉、无花果等热带、亚热带水果。农作物有水稻、玉米、荞麦、豆类、薯类等。经济作物有茶叶、甘蔗、油桐、紫胶、南药、胡椒、砂仁、木姜子、咖啡等。森林中栖息着金丝猴、鹿子、马鹿、野牛、穿山甲、孔雀、白鹇、犀鸟等珍禽异兽。当地还有丰富的水力、地热资源及尚待开发的民族风情旅游资源。

语言与文字

拉祜语属汉藏语系藏缅语族彝语支，分拉祜纳、拉祜西、苦聪3个方言。方言间差别不大，基本上能互相通话。基本词汇与彝语多属同源，语音结构与语法特点也颇近似。拉祜族原无文字，20世纪初西方传教士用拉丁字母创制了一套拉祜文，中华人民共和国成立后在此基础上重新创制了一套新的拉祜文。

风俗习惯

拉祜族崇虎尚黑，以黑为贵，服饰以黑为主。女服有两种款式：一种为右开襟、两侧开衩齐腰、衣长及脚面的长袍，下着长裤，冬季小腿套腿套；一种为开襟很小、几乎像对襟、衣边缀有花布条纹、无领、小袖口、衣长齐腰的短衫，下着筒裙，头缠包头或大毛巾成盘状。男服为无领对襟短衣和无领开襟短衫，下着裤管肥大的斜拼裆长裤，头缠包头或戴无檐小圆帽。

拉祜族主食大米，辅以玉米、荞麦、豆类等。普遍喜食辣椒，有“拉祜人的辣子，汉族人的油”之说。喜饮酒，常以酒待客。

拉祜族的民居有两种：一种

称为“掌楼”（斜顶竹楼），分上下两层，上层住人，下层圈养禽畜、堆放柴火等；一种为低矮的落地式双斜面茅草房。

拉祜族青年恋爱自由，婚姻自主。青年男女一般在冬春两季谈情说爱，特别是年节期间。恋爱场所大都在寨外坪场，恋爱方式主要是“串姑娘”。拉祜族青年男女择偶不重财产和家境，而看重人品。如果某小伙子看上了某姑娘，便找机会抢走她的包头。双方定情后，男方即请人前去提亲。有行茶礼的婚俗，认为无茶的婚礼是不能算数的。盛行从妻居习俗，男子婚后即到女家居住，称“上门”，一般为3年。在家庭财产继承上，女子与男子享有同等权利。

拉祜族的传统节日有“扩”（新年）、新米节、火把节、阿朋阿龙尼（葫芦节）、月圆节等。其中“扩”（新年）和阿朋阿龙尼（葫芦节）最为隆重盛大。

拉祜族实行火葬和土葬。每个村寨都有公共墓地。人死即鸣枪报丧，出殡前请“摩巴”（巫师）招魂诵经，让死者的灵魂回到祖先之处。

宗教信仰

拉祜族宗教信仰有原始宗教信仰、佛教、基督教、天主教。原始宗教信仰最为普遍，特别盛行天神“厄莎”崇拜，村寨周围设有“厄莎”灵台（牌），定期或不定期地举行各种祭祀活动，如每日清晨、中午，滴水、赕饭两次。新年、新米节、出行等时节要进行祭祀。佛教为大乘佛教，清初才传入拉祜族地区。基督教是20世纪初由西方传教士传入拉祜族地区的，为部分拉祜族所信奉。天主教只有少数拉祜族人信奉。

文化艺术

拉祜族文学基本上是民间口头文学。中华人民共和国成立后，将民间口头文学作品搜集、整理并用汉文、拉祜文出版，形成书面形式的文学。20世纪90年代初，出现了作家文学。拉祜族民间文学分韵文和散文。韵文分传统诗歌和歌谣。传统诗歌分创世型、迁徙型和祭祀型，如《牡帕密帕》《根古》等。歌谣分节日礼仪型、婚姻礼仪型、丧葬习俗型，此外还有山歌、情歌、催眠曲等。散文分神话、故事、传说、寓言等。神话分自然神话、社会神话、迁徙神话，如《造天造地》《扎努扎别》等。故事分爱情故事、道德伦理故事、动物故事、机智人物故事，如《蜂蜡灯》等。传说分居住饮食服饰传说、文字记事传说、节日习俗宗教传说、反抗斗争传说等。

拉祜族民间音乐有歌曲、乐曲、舞曲，均为5音阶，节奏鲜明，旋律轻快。传统乐器有葫芦笙、响篾、小三弦、吉谷、哩嘎嘟等。舞蹈有“芦笙舞”“摆舞”“跳歌”“祭祀舞”“欢庆舞”等，主要以腿、脚动作来表现。拉祜族民间工艺有染织、竹篾编织、银饰制作等。

创世史诗《牡帕密帕》

《牡帕密帕》是拉祜族的创世史诗。吟唱《牡帕密帕》曾经是拉祜族村寨社区生活的重要内容，在过拉祜年“扩”和新米节等节庆以及举行拉祜族婚礼时，总要请长者来吟唱《牡帕密帕》，以增加节日的气氛，感激创造拉祜族的天神厄莎的恩典，祈求风调雨顺，生活平安幸福。

“牡帕密帕”是拉祜语音译，其含义是“造天造地”。顾名思义，创世史诗《牡帕密帕》就是讲述宇宙起源、万物产生、人类出现以及拉祜族族群繁衍的神话。《牡帕密帕》的主要内容是：天神厄莎造天造地，创造万物，并赋予世界以秩序；厄莎培育葫芦，创造人类，并划分民族；在厄莎的引导下，拉祜族繁衍壮大，与其他民族发生矛盾和战争，不断迁徙南下，寻找安居乐业之地。

近几年来，在国家对少数民族文化和非物质文化遗产大力保护的政策支持下，《牡帕密帕》重新焕发了生命活力。2006年，《牡帕密帕》被列为第一批国家级非物质文化遗产。

遗产名录

国家级非物质文化遗产

创世史诗：《牡帕密帕》

拉祜族芦笙舞

自治区域

澜沧拉祜族自治县

孟连傣族拉祜族佤族自治县

双江拉祜族佤族布朗族傣族自治县

镇沅彝族哈尼族拉祜族自治县

本书导读示意图

拓展阅读：与专题相关的名词解释、背景知识、人物小传、田野实录等的延伸阅读，为你构建多维度、多侧面的全息专题文化影像。

专题标题：以虚实结合的文字概括各民族的某一重要文化事项。

专题段落标题：揭示这一重要文化事项的不同断面，分层切入，条分缕析，引你直抵现象背后的文化之核。

正文

民族经典纹样

天地万物从哪里来，拉祜族人从哪里来

拉祜人如何解开这永恒的谜团？

厄莎从虚空中创造天地

创世史诗《牡帕密帕》全诗贯穿着一个核心——天神"厄莎"，拉祜语为"Xeulsha"，汉语译为"厄莎""厄萨""厄霞"。它是一个男女一体的神，男性的部分称为"厄雅"，女性的部分称为"莎雅"，平时称呼中的"厄莎"是这二者的合称。

根据《牡帕密帕》的叙述，在混沌世界里产生的厄莎只是一个尘粒，这粒尘埃无限地小，小到没有内核，"厄雅只有云珠大，莎雅只有雾珠高"，但它会自我生

拉祜族人喜爱的芭蕉树。在《牡帕密帕》的传说中，是厄莎种下了芭蕉树，从树里流出的水滋润了万物（图/谭春）

纪念迁徙历史的三道红色花纹

手臂部位的红色花纹服饰符号反映了拉祜民族英勇善战、不畏强暴的品格。澜沧县东回乡一带的拉祜族妇女在长衫衩口及衣边、袖口、托肩上镶有较规则的菱形图案，手臂部位有三道明显的红色花纹，据说它象征着拉祜族迁徙史上三次大的战争，每次战争都迫使拉祜族进行大规模的迁徙。为了纪念在这些战争中死去的人，人们在服饰上留下了这样的标志。

扫描二维码欣赏
李扎倮吟唱《牡帕密帕》片段

拉祜族—36

多媒体技术的全新运用和呈现：音（视）频链接为你直观展现民族文化的某个片段。从此，纸质经典不再是一位沉默的朋友。

图片：既有近百年来中外著名学者亲历现场所拍摄的第一手影像资料，也有当代摄影家极尽巧思的唯美大片，涵盖面广泛，于文本之外，自成一个独立的图片系统。

专家简介：为你介绍各章撰稿专家的学术背景、学术成就，在作者与读者之间搭建起一座信任之桥，论世需要知人，论著也当知人。

20世纪五六十年代，狩猎依然是拉祜族苦聪人重要的食物获取途径。图为苦聪人正在分配捕获的猎物，摄于1959年（图/云南省社科院）

撰稿专家

张锦鹏，云南大学民族学与社会学学院教授，博士生导师，云南省民族理论学会常务理事。主要研究方向为跨境民族、拉祜族文化、民族经济与社会发展等。主要著作有《从逃离到归附——泰国北部美良河村村民国家认同的建构历程》《普洱非物质文化遗产丛书·牡帕密帕》等。

《牡帕密帕》

扫描二维码，
阅读专家代表著作的电子版

代表性论著链接：扫描二维码可阅读该专家代表作，并可进一步在中华民族文化经典学术著作数据库中阅读其他民族文化学术著作。

部分南方少数民族的葫芦神话

民族	神话名称	流传地域	主要内容
壮族	卜伯斗雷王	广西	洪水滔天，伏依兄妹躲在葫芦中幸免，结婚生子，得一怪胎，如磨刀石，磨刀石被砍开扔到四方，始有人烟
瑶族	伏羲兄妹传人种	广西、云南	雷王拔牙救伏羲兄妹，长出一个葫芦有谷仓大，后来洪水滔天，兄妹避于其中得免灾。后兄妹结婚，繁衍出汉、瑶各族
黎族	五指山上巨葫芦	海南	五指山上长出巨葫芦，洪水来临，大神命穿山甲咬开葫芦，将兄妹二人、牲畜及各种动物装入葫芦。洪水后，兄妹结婚，繁衍人类
水族	人从葫芦出	贵州	神给伏羲兄妹一颗牙齿，兄妹种在地里，结得大葫芦。洪水滔天，兄妹携五谷藏于其中得免，两相婚媾，繁衍人类

37— 创世史诗

图片说明：拒绝标签式的大白话图片说明，每一段解读，或长或短，都经撰稿专家反复推敲，发图片画面之所未发，读图时代，仍然需要如此点睛之笔的助力。

表格：删繁就简，将大段枯燥的学术性表述华丽转身为一目了然的图表，文明演进的过程、文化现象的罗列，由此变得简洁明了。

澜沧江两岸的深山密林中，居住着一个淳朴而勇敢的民族——拉祜族（图/谭春）

第1章

澜沧江畔“虎”民族

地理和历史

本章主撰稿人：云南民族大学教授　刘劲荣

阿哥阿妹情意长，好像那流水日夜响。

流水也会有时尽，阿哥啊永远在我的身旁。

阿哥阿妹情意深，好像那芭蕉一条根。

阿哥好比芭蕉叶，阿妹就是那芭蕉心。

一曲动人的“芦笙恋歌”，让一个世代生活在祖国西南的大山之中的民族广为人知。拉祜族，这个神秘而又古老的民族，正日渐走进人们的视野。你可了解这个孕育了如此优美的歌声的民族？不妨从认识他们的家乡、知晓他们的历史开始吧。

拉祜族是一个勤劳、勇敢、奋进不息的民族，古老而悠久的历史文化，可以追溯到古代羌人族系。拉祜族历史传说称自己的民族发祥地为“北基南基”，那里没有森林，没有灌木丛，大地茫茫一片，地上只长着矮小纤细的“色布草”。这一传说，也许就是世代相传的对青藏高原故土的一点依稀记忆。

活动在甘肃、青海地区的拉祜族先民，随羌人南迁的一支，越过横断山脉，跋涉于四川西南部一带。唐代，拉祜族曾作为单一的族体见于古代文献。宋代，拉祜族聚居在洱海以南的巍山、弥渡之间。宋末，拉祜族分两路迁至临沧和景东以南一带。明清时期，拉祜族有局部迁徙，最后定居在云南省西南部的澜沧江两岸。走得更远的，已经越过国境，散居在缅甸、老挝、泰国、越南等地的山区。

历史上，拉祜族的自称、他称颇多。1953年4月，澜沧拉祜族自治区成立时，依照本民族的意愿，把“拉祜”作为统一的族称固定下来。1989年以后，经过考察和识别，又先后将散居各地的“苦聪人”“老缅人”明确为拉祜族的支系。至此，40多万拉祜族同胞，都有了自己的归属。

澜沧江两岸的美丽家园

大山与大江的交响，拉祜人钟情的热土

神秘的拉祜族，生活在何方？

云南省的西南部，山岳连绵，森林茂密。在气象万千、资源富饶的山地里，居住着以勤劳勇敢著称的拉祜族。

中华人民共和国成立前，拉祜族人口约12万。此后，由于生产的发展、生活的改善，人口有较大增长。根据2010年人口普查统计，云南省拉祜族人口有47.5万人，主要集中在澜沧江两岸的普洱、临沧两市。其中，澜沧拉祜族自治县聚居有约20万拉祜族人，占该县总人口的比例超过40%，是拉祜族人口最集中的地区。

拉祜族分三大支系，即拉祜纳支系、拉祜西支系与

拉祜族民族自治地方简表

拉祜族民族自治地方	建立时间	面积（平方公里）	拉祜族人口（第六次人口普查数）
澜沧拉祜族自治县	1953.04.07	8807	206283
孟连傣族拉祜族佤族自治县	1954.06.16	1957	38132
双江拉祜族佤族布朗族傣族自治县	1985.12.30	2165	33042
镇沅彝族哈尼族拉祜族自治县	1990.05.15	4223	17906

云雾缭绕的深山，是拉祜族世代居住的家园（图/姚倬）

苦聪支系。拉祜纳支系主要分布在澜沧江以西，拉祜西支系主要分布在澜沧江以东，苦聪支系主要分布在哀牢山、无量山一带山区。这三大支系多数以聚落为单位，与哈尼族、佤族、傣族、彝族和汉族交错聚居，少数杂居。

拉祜族人口有78%分布在澜沧江以西，北起临沧、耿马，南至澜沧、孟连。另外，在澜沧江以东的景东彝族自治县、墨江哈尼族自治县、镇沅彝族哈尼族拉祜族自治县、景谷傣族彝族自治县、景洪、勐海、思茅、宁洱哈尼族彝族自治县、元江哈尼族彝族傣族自治县、江城哈尼族彝族自治县、金平苗族瑶族傣族自治县等县、市、区也有少量拉祜族分布。

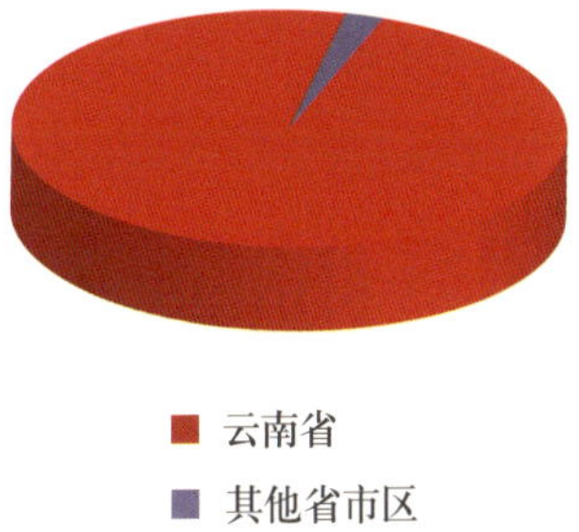

云南省拉祜族人口占全国拉祜族人口比例（2010）

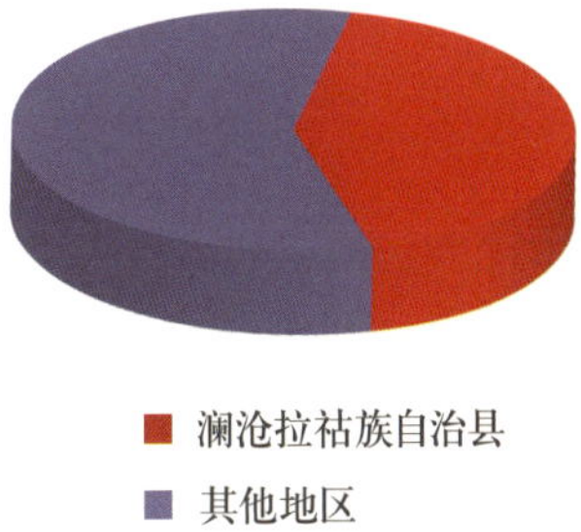

澜沧县拉祜族人口占云南省拉祜族总人口比例（2010）

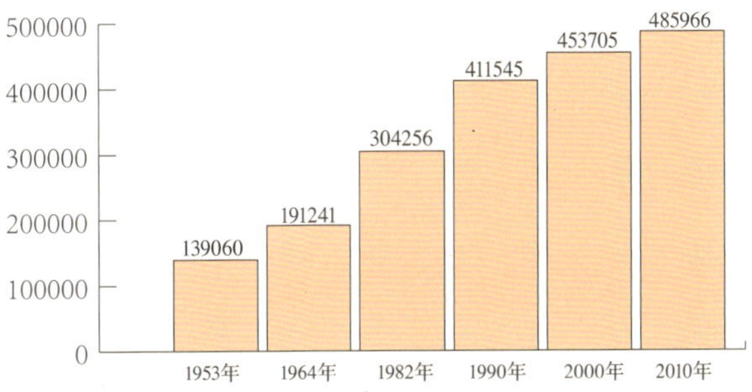

六次人口普查拉祜族人口数（单位：人）

分布在世界各地的拉祜族

据有关统计资料和外国学者的介绍，在东南亚的缅甸、泰国、老挝、越南四个国家的北部及西北部山区地带和美国加利福尼亚州等地等都有拉祜族的分布。国外拉祜族与中国云南省有历史渊源，即他们都是相继从中国云南省迁入异国他乡的，因此，云南省也是世界各国拉祜族同胞的故乡。

国家	拉祜族人口（万人）
中国	48.6
缅甸	约20
泰国	12.5
老挝	1.5
越南	0.7
美国	0.3

山地与平坝交错的聚居区

拉祜族分布地区是云贵高原的西南边沿，横断山系纵谷地区的南段。绝大多数拉祜族分布在云岭支脉哀牢、无量两山系和怒山支脉的山地之中，属山地民族之列。在这片土地上，高原波状起伏，高山峡谷相间，断陷盆地星罗棋布，河川湖泊纵横交错。

澜沧江东西两岸，是由山地和平坝组成的相互交错的山区和坝区。山区丛林密布，气势雄伟；而坝区则平坦温湿，气候宜人，因而呈现出两种不同风格。每当清晨，浓雾四起，凝聚成一望无垠的耀眼云海。拉祜、佤、哈尼和布朗等族的村落和梯田，就分布在翻腾的云海之间。时近中午，云海冉冉升散，露出坝区的水田和河渠，各族村落历历在目。

拉祜族地区属亚热带山区。这里夏无酷热，冬无严寒，常年葱绿一片。一年中，分雨季和旱季。雨季期间，雨水累月不断，或骤雨倾盆，或细雨连绵。旱季则很少降雨，但在深谷幽箐之间有充沛的灌溉水源。

拉祜族基本上分布在海拔1000米以上的山区和半山区，但各山区的地理环境和气候特征不尽相同，使各地拉祜族的生产、民居、服饰、饮食、年节、交往等也不尽相同，甚至分化出了语言、支系的差异。

大山深处的拉祜人家

拉祜族聚落多数分布在山区和半山区的缓坡地

俯瞰万山之间的拉祜族村寨：南岭乡野阔（图/谭春）

带，聚落之间的距离因地而异，有的地方相距较大，有的地方并不很远。村寨规模也不均等，大者百余户，小者二三户。他们将聚落群泛称为“卡”或“搓卡”，即“人的居所”，或把单个的聚落叫“卡”，即“寨子”。

寨中多有广场，供人们在年节期间聚会跳舞。有的村寨有两个广场，一个在寨子中央，广场中间立有寨桩，年节期间增立一根年桩。更换一个“召八”（寨神守护者）时换一次寨桩。寨桩一般分雌雄两根。旧寨桩被更换后禁止乱扔，由新任召八或旧任召八存放于广场角的“沙拉页”（年节时供人们休息、喝茶水、存放乐器的小房子）旁，逢年节时可当柴火，不作他用。年桩则每年更换一次。另一个广场在寨子（聚落）的一角，供年节

拉祜妇女在干栏式房屋的露台上(图/郑宪章)

时陀螺比赛使用。每逢年节,特别是拉祜"扩"(相当于汉族的春节)期间,人们每天都在寨桩、年桩周围聚餐一次,但禁止在这里喝酒,直至"扩"结束。用餐之前都祈求年神、寨神保佑寨人平安、来年丰收。

拉祜族寨子上方一般有茂密的树林,人们将它视作神林,严禁私自砍伐,忌讳在林中打鸟,认为违忌将会触犯神灵,给人畜带来祸害,但曾信奉佛教的地方可以在神林中采伐建盖佛寺等宗教设施之用的木料。由于用于宗教设施的材料较少,因此神林基本没有损坏,往往古木参天,在客观上起到了优化居住环境的积极作用。不少村落旧时把竹竿剖成两半,架起笕,将山泉水引入寨子供人畜使用。寨子附近以篱笆为栅栏,开辟园圃种植烟草、甘蔗、芭蕉及各种瓜果蔬菜。一般大寨子都已地缘化,不仅居住不同的家族、支系,甚至还聚居多个民族。家家户户都有养狗的习俗,所有拉祜族都忌食狗肉,甚至忌讳卖狗。一进村落,犬吠声声,这是拉祜族聚落的特色之一。

原始社会早期，人们不会制造工具，不会建造住所，只能依赖大自然栖身。直到清初，部分拉祜族人仍“不葺庐舍，崖居野外”，“居深箐，择丛篁蔽日处结茅而居”，“无室庐”，“居处无常”，“以叶构棚，无定居”。从中可以想见，那些能躲避风雨和野兽袭击、保障人类安全的天然屏障，诸如岩洞之类的处所都是拉祜族祖先的理想住所。

随着聚落的形成与发展，民居的建筑活动也日益频繁，并逐渐形成了具有南方特色的建筑风格。澜沧江以东地区大约在近代之前可能就出现了闪片房，与周边汉、彝等民族的闪片房相同。而澜沧江西岸拉祜族聚居地区，近代拉祜族的民居多为草房，直到现在，一些边远山区的拉祜族民居仍多为草房。就拉祜族聚居区而言，近现代拉祜族民居多为落地式草房和干栏式草房，尤以干栏式草房最具特色，保留时间最长，迄今仍可看到这种传统民居。

澜沧江西岸拉祜族聚居区多属亚热带、热带地区的山区、半山区山林地带，雨量充足，空气湿润，并且有毒虫等。干栏式草屋地板远离地面，可以防潮防湿，而且便于楼下摆放柴火、关养畜禽、舂磨粮食，容易清扫，避免牲畜进家，具有多种作用，因而成为拉祜族山区的一种典型房屋。在澜沧江西岸部分拉祜族地区，干栏式房屋依旧是拉祜族的重要民居，尽管有些建筑材料有了更替，如石棉瓦、烧瓦等代替了茅草，建筑工艺也有了较大发展，但其建筑风格依然。个别地方的干栏式房屋建筑风格具有明显的傣族、布朗族干栏式房屋的建筑风格，很显然是受傣、布朗等民族建筑风格的影响，也是民族文化相互影响、相互吸收的历史见证。个别地方的拉祜族聚落有类似哈尼族“龙巴门”的寨门，但一般都比较简易，这同样也是各民族文化相互影响的佐证。

长年不熄的火塘，家庭生活的中心

拉祜族多居住在修竹茂林、幽深僻远的山区地带。这些地带虽属亚热带，但早晚气温都比较低，尤其是冬春季的早晨和夜间，还颇有点凉，偶尔还会下霜。所以拉祜族家家都有一个火塘。当然，火塘也是拉祜族作为高寒山区甘青高原羌人后裔的一大文化昭示。

落地式茅草房（图/谭春）

火塘是拉祜人家庭生活的核心(图/苏锟)

不同类型家庭的火塘位置有所不同。若是个体家庭生活的小型干栏房,火塘设在前房中央;若是两三个小家庭生活的大型干栏房,火塘则设在正对住房的走道上。火塘两侧所置床铺一般供父母等长辈用,火塘上方用绳索悬挂着一块“炕笆”,用来烘烤谷物、篾筐等容易受潮的东西。火塘前后靠壁的地方放锅碗等,上挂猎枪弩箭等。火塘正中架有铁三脚,用以煮饭。烧火塘的拉祜族人家,房屋的椽、梁都被烟火熏得漆黑油亮。据说,经烟熏过的椽、梁更能防潮抗蛀。

拉祜族火塘里的火是常年不熄灭的,寓示着家族兴旺昌盛,幸福永驻。即使晚上睡觉不用火时,也要将火炭聚拢,用火灰将其轻轻覆盖,使之低氧慢燃。待到清晨起来时,慢慢扒出红红的火炭,用干草、碎柴将火吹着,然后再加稍大的柴块。在火花“噼噼叭叭”的爆裂声中,拉祜人开始了一天忙碌的生活。傍晚归来,一家人围坐在火塘边,火塘里红彤彤的火使疲惫的身心顿生暖意。吃过饭后,老人们蹲在火塘边,点着一根草烟,端起一支水烟筒,“扑哧扑哧”地吸着。那忽明忽暗的烟头伴着袅袅升腾的轻烟,仿佛在缓缓诉说着拉祜人久远的传说。

火塘不仅是拉祜族房屋的中心,也是全家人家居生活的中心。聆听父母古训、休息娱乐都在火塘边进行;遇到婚丧嫁娶、建房修屋、安排生产等家政大事也是在火塘边议论、商量和决定;拉祜人的一些重大祭礼活动也都在火塘边进行。于是,怀着对火塘的虔敬和崇拜,拉祜人的文化中也相应产生了一些禁忌和规矩。如安置火塘有特定的要求和规格;禁止小孩对火塘撒尿、擤鼻涕、吐痰;不能将脏水泼进火塘;主客落座须以长幼亲疏秩序而定,尊者坐火塘正上方;添柴凑火只能从铁三脚正面起;柴火要先从根部烧起;外人不得触动火塘;烧尽的火灰不能乱倒;架在火塘上的铁三脚不能随便搬动等。

(文/陈云芝)

我国南方少数民族的火塘文化

我国少数民族传统民居，尤其是壮、侗、傣、苗、瑶、彝、羌、纳西、哈尼、景颇、佤、独龙、基诺、拉祜等众多的南方少数民族传统民居，大多设有集炊事、取暖、照明三种功用于一体的火塘。这些形式各异、功用相同的火塘，不仅是与人们日常起居密切相关的重要生活工具，同时，由于它不断地与各自民族的社会文化发生越来越多的联系，逐步地向精神领域延伸，从而被人为地赋予多种文化内容，成为具有多种文化寓意的实体。

在众多少数民族的观念中，火塘是家庭的象征。从原居所火塘里另分出一堆火，即意味着从原来家庭里分化出一个新的家庭，意味着一个传统法则认可的家庭的诞生。同时，火塘也是诸多神灵集聚的地方，是维系个人和家庭命运的所在，关系着家族的繁荣昌盛。因此，各民族对火塘都有一种虔敬的态度，认为火塘是神圣的处所，并且产生了诸多禁忌和礼仪。

拉祜族妇女在火塘边烤茶（图/谭春）

近百年来，拉祜族从刀耕火种的游耕农业经济逐渐开始过渡到定居的梯田农业。拉祜族地区多为山地，梯田是拉祜人辛勤开垦而获得的珍贵的土地资源。图为澜沧县麻栗河梯田（图/谭春）

从远古走来的“虎”民族

自青海湖畔一路向南，追寻宝箭落下的地方

古羌人族系的后裔

拉祜族先民属古代羌人族系。夏、商、周三代，部分接受中原先进文化的羌人曾活跃于祖国历史舞台，为缔造祖国历史做出重要贡献。

在新石器时代晚期，羌人中有一支受彩陶文化强烈影响的开拓者，由甘肃、青海一带经四川西部进入云南西北部，开辟了一条沟通南北的通道。公元前4世纪初，秦献公欲复先世霸业，以武力统一了西方，导致大批羌人迁离故地。其中有一些部落在一位名叫卬的首领率领下，循着新石器时代的通道大举南迁。羌人南迁可能前后连绵几个世纪，这是见于古代文献的一次规模较大的迁徙。

拉祜族历史传说称自己的民族发祥地为“北基南基”，那里没有森林，没有灌木丛，大地茫茫一片，地上只长着矮小纤细的“色布草”。这一传说，也许就是世代相传的对青藏高原故土的一点依稀记忆。迄今仍在部分拉祜族地区传唱的《说典噜典》（古歌的总干或源头）、《牡帕密帕》（创世神话史诗）、《根古》（迁徙史

青海湖附近的高原，是拉祜族先民的生息之地（图/视觉中国）

诗)、《科根哈根》(年歌)、《摆卡诺卡搓》(追蜂子的歌)、《中帮命帮》(祈福歌)、《斯给纳斯》(送葬安魂歌)等作品中仍不同程度地留下了拉祜族先民在以河湟为中心的地区生息发展的烙印。

在彝语支各民族中,拉祜语与傈僳语最为接近,拉祜纳支系与傈僳族男女成员都曾经头梳辫子,身穿长袍。这两个现代民族当同属于古代昆明人族群的后裔。

昆明人虽然具有一些共同的文化特征,使他们足以同其他外族区别开来,但其内部已经孕育着新的族体文化。

《新唐书·南蛮传下》称在戎州(州治今四川宜宾市)西南边鄙分布有"锅铿蛮"。现代拉祜纳支系也自称"哥槎",与"锅铿"语音相同。《新唐书》所述"锅铿蛮"分布的地域也完全符合古代拉祜族分布的地域。"锅铿",拉祜语、彝语、傈僳语都是山地人的意思。由此可见,最迟到了唐代,拉祜族和傈僳族均同时从昆明人这一族群中分离出来,成为具有自己民族文化特点的单一民族。

自称语音最接近现代拉祜族族名的有关文献记载,到清朝才出现。雍正《云南通志》卷二十四载:"喇乌,临安、景东有之。"这是到目前为止所知道的最早的关于拉祜族族名的文献记载。拉祜语的"拉"是虎的意思,"祜"是没有语义的语尾词。从语义上看,"拉祜"是用虎来命名的族称。

拉祜族的族称很可能与巴人的虎崇拜有关系,巴蜀文化曾对昆明人有过重大影响。专家推断,拉祜族的民族自称可能起源于他们聚居在四川南部和云南北部的时期。

拉祜族的三大支系:拉祜纳、拉祜西和苦聪

拉祜纳、拉祜西均自称拉祜,仅在以示有别的场合下才进一步说明是拉祜纳,或者是拉祜西。苦聪自称"锅铿",也就是《新唐书》记载的"锅铿蛮"。"锅"是山的意思,"铿"是人的意思,合起来意为"山地人"。苦聪人又分为黑苦聪和黄苦聪。

三大支系的共同性是根本的,他们共同信仰厄莎为造物主,有基本相同的历史传说,有完全一致的双系制族内通婚关系史,有类型相同的半定居大家庭公社聚落,更重要的还有息息相通的民族欢乐和民族苦难。但是,三大支系有不同方言、不同服饰。拉祜纳妇女穿长袍,拉祜西妇女穿短衣筒裙,苦聪妇女穿古朴原始的蜘蛛衣或树皮衣。在宋末大举南迁时,拉祜族三大支系当已形成。

通常,把拉祜纳意译为黑拉祜,把拉祜西意译为黄拉祜。拉祜语中,纳既有黑色的意思,也有正宗、纯粹、高贵的意思;西与黄金同义,有黄色的意思,也有遗留、剩余和混杂的意思。在三大支系中,拉祜纳支系较多保存本民族文化特点。

历经千余年的大迁徙

拉祜族先民随古代羌人族系迁徙,早期曾辗转于祖国西北地区的黄土高原、青海湖地带,后来沿横断山脉南下,滞留于江河纵横的四川西南部山水之间,然后又分路跋涉于云南西北部,并逐渐生存在今天的澜沧江、元江、红河下游两岸的山林地带。走得最远的拉祜族已跨越国界,迁移到中南半岛诸国。

最迟到战国时代,拉祜族先民就已迁入云南,劳动生息于广大山区。他们与其他彝语支族体结成具有共同文化特点的族属集团,即汉代人所说的昆明人。汉代设立益州郡后,昆明人开始走上长足发展的道路,由一个初步进入文明的族属集团先后孕育形成拉祜、傈僳、纳西等单一族体和部分彝族支系。

到了唐代,拉祜族的社会经济有了显著发展,拉祜族已从昆明人族属集团中分离出来,成为单一族体。

南宋末年,蒙古军队进攻云南,攻灭大理国。可能是这一历史事件,引发了重自由而轻迁徙的拉祜族大举南迁。从拉祜族大迁徙方向判断,宋代拉祜族应聚居于巍山、弥渡一带山区。拉祜族大迁徙分东西两路。东

拉祜族古先民迁徙路线示意图

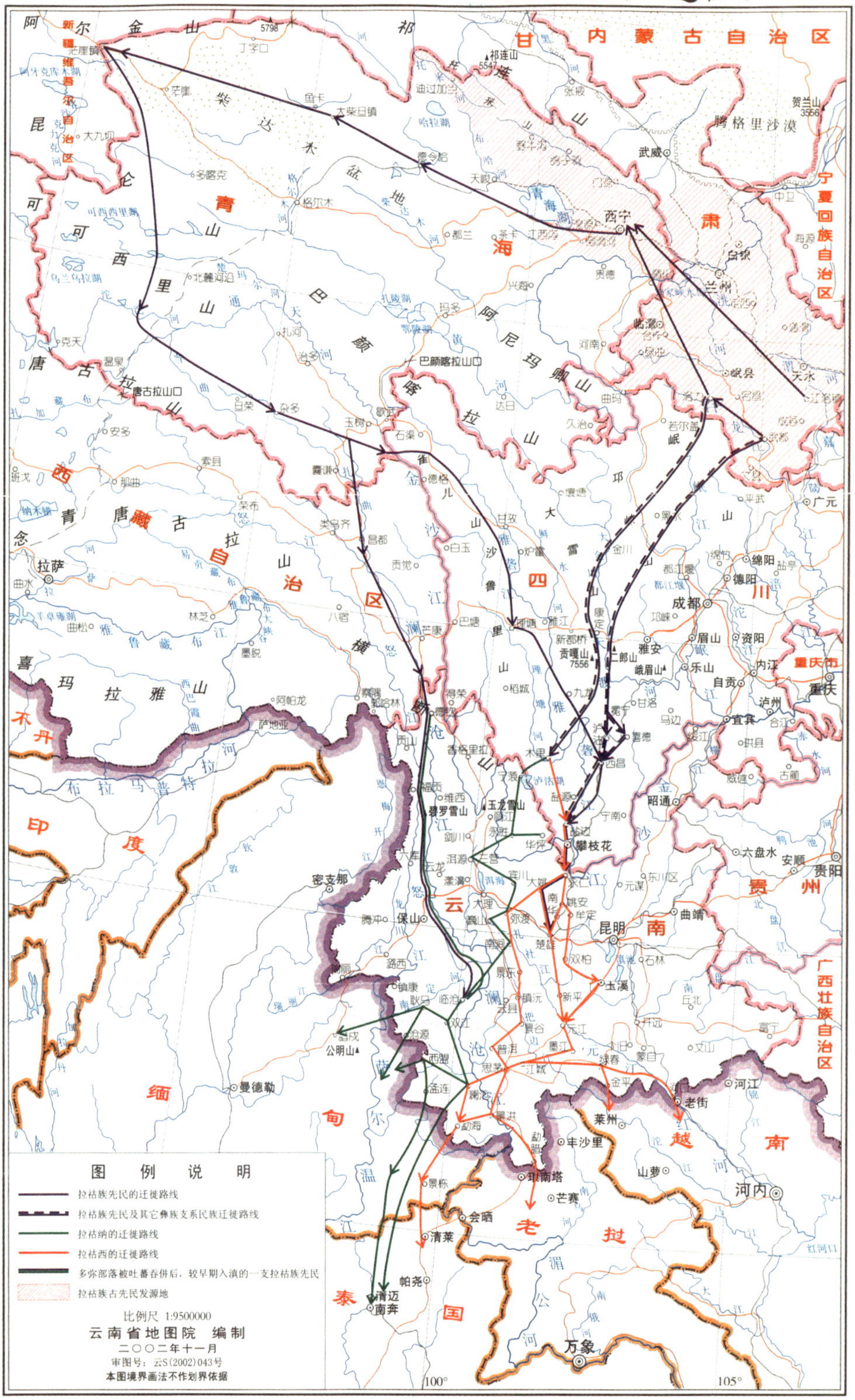

（选自政协澜沧拉祜族自治县委员会编《拉祜族史》）

路以拉祜西支系和苦聪支系为主体，顺哀牢山西侧和无量山东侧南下景东、景谷，其前锋到达西双版纳、普洱、墨江、镇沅、新平等地。金平县拉祜西是在坎坷征途中走得最远的部分。西路以拉祜纳支系为主体，沿巍山、云县到达临沧。

从西路迁徙的拉祜纳支系是大迁徙队伍中的主体部分，他们聚居在临沧地区。傣族称这部分拉祜族为“缅”。临沧，傣语叫“勐缅”，拉祜语叫“牡缅密缅”，都是缅人地方的意思。14世纪中叶，傣族继拉祜族之后迁入临沧。临沧拉祜族部落首领曾多次举兵反抗傣族土司统治，后兵败迁徙到双江、耿马、沧源、澜沧和孟连等地。

拉祜族人民频频迁徙的足音，大约到了清代才相对停止下来，而且呈现出了向澜沧县附近聚集的趋势。但整个民族大跨度分散居住的状态业已形成格局。自先秦以来，历尽沧桑的游猎和迁徙的历程，早已成为一条鲜明的文化纽带，深深地镶嵌在族民的心坎上。

无论是自然生态的失衡，还是社会、政治的因素促成迁徙，都使得拉祜族不断失去业已形成的相对安定的生活环境和社会条件，因而也长期无法出现畜牧业、农业、渔业等专门化事业的昌盛局面。但从另一方面来看，迁徙也造就了拉祜人坚韧不拔、不畏艰险、不畏劲敌的意志，使得拉祜族人民团结一致，随时依靠群体的力量，去抵御外来势力的侵袭，民族的内聚力非常强烈。

拉祜古歌中的迁徙之路

中华人民共和国成立以前，拉祜族没有形成文字记载的历史。拉祜族的历史演进和发展情况与其他无文字民族一样，全都依靠于口耳相传。在拉祜族古老的诗歌中，有不少唱段，透视出铭刻在民族心中的迁徙史：赤地千里的“密尼都苦”（黄土的高原）；空阔无涯的“糯海厄波”（蓝色的大湖）；游猎而往返的“江西、江落”（两个古地名）；“妥腊科”（多兔之山）；好似“天肚脐、地肚脐”（即山周围的凹地）的“北基、南基”（地名）；白天黑夜走不尽的“阿沃阿戈东”；山河交错，兄妹两个部落分岔的“科马拾科基，洛马拾洛基”（七山七水汇合处）；追马鹿寻到的“牡缅密缅”；等等。这些迄今仍以特殊的古诗歌用语的形式存活下来的，关于某地或某地域特点的词句，如一粒又一粒璀璨的宝珠。把它们串连在一起，大略构成了拉祜人迁徙的历史痕迹。其中提到的地名，少数可以考定确切地点，如“牡缅密缅”即是指今天的临沧地区，但更多的都无法作出准确的考证了。

临沧坝子，曾经的“牡缅密缅”（供图/刘劲荣）

不屈的拉祜人

从18世纪20年代开始，拉祜族的历史进入了一个以反抗封建领主的压迫剥削为中心的战斗频繁的时代。拉祜族人民曾先后与傣、佤、汉、哈尼、布朗等族人民联合起来，共同举行反封建压迫的起义斗争，大小战斗前后共达20余次。斗争浪潮此起彼伏，席卷了整个拉祜族分布地区；战斗虽断续无常，但始终没有停息过，几乎贯穿18、19整整两个世纪。由于斗争的区域广、时间长，战斗频繁，参与战斗的民族多，这就促使不同地区拉祜族的社会经济发生了不同程度的发展和变化；同时，澜沧江东西两岸各民族地区间的经济和文化交往也就更加紧密起来。

在这长达两个世纪的斗争年代里，从斗争发展的具体情况来看，大致可分为前后两个时期。

前一时期，由1728年至1807年，即在清王朝雍正、乾隆、嘉庆皇帝统治时代。在此期间，也正是清王朝在拉祜族地区实行改土归流的时期，拉祜族进行反对傣族领主封建压迫剥削的斗争的领导权，由于部分地被傣族土司头目所篡夺，因而斗争的目标和对象遂被转移为主要反对清王朝在改土归流过程中派到拉祜族地区的个别贪官污吏，形成了反对傣族封建领主的斗争为反对汉族贪官污吏的斗争所掩盖的局面。

澜沧县糯福区各族人民庆祝1959年元旦（图/云南省社科院）

后一时期，主要是由1887年至1920年，即清光绪十三年至民国初年。在此期间，由于斗争的领导权一直掌握在拉祜族群众领袖的手里，拉祜族人民反对封建压迫和民族压迫的斗争实质，就更鲜明地表现了出来。到1918年，拉祜族农民的起义斗争开始突破民族的界限，斗争的矛头直接指向本民族的土司领主。

鸦片战争后，外来侵略的触角逐渐伸到了拉祜族地区，拉祜族人联合各兄弟民族，掀起了反抗侵略的英勇斗争。1934年，英帝国主义侵略者企图武装侵占班洪地区，佤族人民英勇地奋起反抗。拉祜族和澜沧、景谷一带各族人民组成一支义勇军支援佤族人民的反击斗争。侵略者被各族人民武装驱出国境。1943年，日本帝国主义侵略军企图从缅甸北部进犯我国云南边境。澜沧、沧源、双江一带拉祜族与佤、傣、景颇、汉族人民一起组成抗日游击队，奋起保卫祖国边疆。

改土归流

清初沿袭明制，在拉祜族地区的封建统治，是通过傣族封建领主对拉祜族农民的统治来实现的。由于傣族封建领主土司过重的剥削和压迫，经常引起拉祜族农民的反抗和暴动，这就使得清王朝对云南边疆民族地区的统治，经常出现不安定的局面。清王朝为了加强对拉祜族地区的统治，于雍正三年（1725）开始在拉祜族聚居的威远厅（今景谷县）实行“改土归流”。

“改土归流”政策始于明代中后期，是指将土司制改为流官制。土司即原少数民族的首领，而流官则由中央政府委派。改土归流有利于消除土司制度的落后性，同时加强中央政府对西南一些少数民族聚居地区的统治。

如今，每年春节，拉祜人都要带上礼物，去澜沧县政府拜年（图/谭春）

新中国成立后的新生

1950年春天，随着大西南的解放，拉祜族的社会发展跨入了一个崭新的时代，人民成了国家的主人。生活在澜沧江东西两岸广大地区的拉祜族全都获得解放，彻底摆脱了官府、土司、头人及地主的奴役压迫，翻身做主人。拉祜族人民近两个世纪以来前赴后继为之奋斗、流血牺牲、梦寐以求的愿望，终于在中国共产党领导下实现了。

澜沧县于1950年7月在东主召开了第一届各族各界代表会议。参加会议的各民族上层代表、民主人士和群众代表共439人。代表们学习了党的民族政策，加深了对党和人民政府的认识，调解了拉祜族与佤族几件历史性的纠纷，出现了团结和谐的气氛。这是一次民族平等、民族团结的盛会。

1953年，经中央人民政府政务院批准成立澜沧拉祜族自治区，并组成自治区筹委会。1954年4月1日至7日在澜沧募乃召开澜沧拉祜族自治区首届各族各界人民代表大会。会议决定废除历代含有歧视性的“倮黑”族称，以幸福祥和寓意的“拉祜”为族称；选举李光华（拉祜族）为自治区主席，李光保（拉祜族）、张石奄（民主人士）等6人为副主席；宣告澜沧拉祜族自治区人民政府正式成立。1959年依宪法规定更名为澜沧拉祜族自治县。这是全国唯一的拉祜族自治县。此后，孟连傣族拉祜族佤族自治县、双江拉祜族佤族布朗族傣族自治县、镇沅彝族哈尼族拉祜族自治县也先后成立。居住在临沧、勐海、金平、西盟等市县的拉祜族按居住情况分别设立了民族乡。

散居在其他地区的拉祜族都有自己的代表参加所在州（市）县人民代表大会，反映本民族的意愿。拉祜族还有自己的代表和委员参加全国党代会和人民代表大会、政治协商会议，参与管理国家事务和商议国家大事。

寻访原始森林中的苦聪人

文/张锦鹏

苦聪人是拉祜族的一个支系，主要分布在哀牢山一带，人口约为3万余人，在越南、老挝等国也有分布。他们长期生活在原始森林之中，过着原始社会的生活，经济社会极为不发达。

苦聪人在哀牢山中生活了上千年的时间，对抗自然灾害以及与民族压迫作斗争的经历使他们对其他族群保持有较高的警惕。一直到中华人民共和国成立前，苦聪人在清政府及国民党统治者眼里，还都是未开化的“野人”；“土司”等地方统治者和地方恶霸不把他们当人看，随意地对苦聪人烧杀抢掠；苦聪人的生存遭受到外族的威胁，因此他们对其他民族的戒备很深，森林成为他们的避难之所。

中华人民共和国成立初期，为了让苦聪人也过上社会主义的幸福生活，让苦聪人也和其他少数民族一样在社会主义大家庭中当家作主，中国共产党地方党委与当地驻军组织了民族工作队（组），到深山密林之中寻访苦聪人。

寻访苦聪人的工作异常艰难。1956年，蒙自军分区成立了寻访苦聪人踪迹的边防民族工作组，派出解放军小分队进入深山密林之中寻访苦聪人。

第一次寻访中，解放军战士们在弥漫着瘴气、潜伏着毒蛇猛兽的原始森林里转了几天，一无所获，因食

编织是苦聪人的传统手工艺。苦聪人编织的竹篾器种类繁多，工艺精巧，可达到不漏水的水平。摄于1960年（图/云南省社科院）

苦聪人往往把兽皮、松鼠肉干、野蜂蜜、编织物等并排放在大路的一侧，然后找个地方隐蔽起来。外族村寨里的人看到这些物品就知道是苦聪人来交易了，他们把苦聪人需要的物品如食盐、铁制工具、大米、旧衣服等并排放置在大路的另一侧，也同样找个地方隐蔽着。如果苦聪人从隐蔽的地方出来把对方的物品带走，双方的交易就完成了（图/云南省社科院）

瑶族姑娘邓三妹与苦聪人有亲戚关系，她的大姐嫁给了苦聪人白大热。在邓三妹的带领下，解放军战士终于在密林中找到了苦聪人（图/云南省社科院）

品缺乏和疾病只好退了出来。

第二次进入森林，解放军战士做了充分的补给和医疗准备，在蔽日遮天的原始森林里，仔细查看每一个洞穴和每一堆粪便，以寻得苦聪人活动的蛛丝马迹。直到进入密林的第四天，他们终于发现了正爬在树上采摘野果的苦聪人，他长发盖肩，脸面黝黑，身上挂着的遮羞布已经成为布条。战士们看到苦聪人，激动得冲他大喊“老乡！老乡！”，这人一见到生人，神色慌张，立刻从树上溜下来，跑得无影无踪。

解放军小分队的第三次寻访，是顺着这个苦聪人逃跑的方向去寻找。终于在一片开阔地，看到了苦聪人住的芭蕉叶盖的窝棚。战士们走进窝棚，里面空无一人，火塘里的火正在熊熊燃烧，一切迹象表明这里刚刚还有人在，这必定是窝棚里的人听到动静，跑出去躲了起来。战士们等了很久，也未见到人回来，只好撤回。

为了靠近苦聪人，想办法与他们取得交流，解放军小分队选择了森林边的一个瑶族村寨住了下来。战士们白天帮助瑶族同胞劳动，晚上向他们宣传民族政策。经过半个月的共同生活和交流，战士们和瑶族老乡熟悉起来，一个叫邓三妹的瑶族少女向解放军战士提供了一些苦聪人的情况。因邓三妹会说苦聪话，且其姐姐就是嫁给了苦聪人，邓三妹自然成为了解放军战士最合适的向导。在邓三妹的引导和帮助下，解放军战士终于找到了苦聪人，并与之进行了沟通交流，最后取得了苦聪人的信任，第四次寻访终于取得了成功。

1957年春天，金平县的党组织和人民政府又抽调了18个干部组成苦聪人访问团，由副县长刘天德率领，开始了大规模访问苦聪人的工作。他们携带了3万元的救济物资，分三路进入原始森林。经过整整半年时间，访问团团员的足迹遍布了这片广阔的原始森林，把游猎在林内的2177个苦聪人全部找到了。

找到了苦聪人虽然费些周折，但并不是最困难的。最为困难的，是要动员深山之中的苦聪人走出森林，集中定居，实行定居农耕。在民族工作组的真诚对待和耐心细致的动员下，1957年元旦，首先寻访到的35户185个苦聪人终于搬出了原始森林，住进了政府为他们建立的定居点，取名为新安寨，政府还给这些搬出深山的苦聪人配备了大量的粮食。1957年，当地政府成功地动员了寻访到的苦聪人中的368户2053人出林定居。至1963年，先后由工作队动员并帮助定居的苦聪人共3739人。

创制拉祜文字，推进文教事业

中华人民共和国成立前，拉祜族没有文字，有关本民族社会历史发展、长达十多个世纪的游猎迁徙活动、经济文化生活、传统习俗等全都编成诗歌形式的口碑资料口传心授地代代相传，如创世史诗、迁徙史诗、年节习俗史诗、婚俗史诗、祭祀史诗等。拉祜族人民世世代代咏唱这些史诗，把本民族的历史传承下来。

19世纪初，美国基督教浸信会牧师到拉祜族地区传教，曾用罗马字母拼写拉祜语言创制了拉祜文（称老拉祜文），并在景栋地区拉祜族中试行。1910年在云南省边疆地区的澜沧、双江等县部分教会地区的拉祜族中推广使用。但这种文字仅为少数人掌握，没有真正推广。

1953年澜沧拉祜族自治区成立，当即备文向上级人民政府提出使用本民族文字发展文教事业的要求。中科院少数民族语言调查队第三工作队、云南省语委和澜沧县文教组合署办公，对思茅、澜沧、西双版纳三个地区的拉祜族语言进行全面调查。在占有大量语言资料的基础上，在拉祜族干部、群众、知识分子的支持下，常竑恩、李晓村、李维新、彭志伟、傅其珍等同志共同设计了一套以改革老拉祜文为基础，以澜沧糯福、班利、唐胜拉祜族语音为标准音的《拉祜族文字方案》。这套方案得到普遍赞同，识老拉祜文的用不了两个小时就可以学会，不识老拉祜文的人，用不了10天也就可以学会。其特点是吸收了老拉祜文的合理部分，采用国际常用的拼写形式，便于儿童学习和打字、印刷、出版，也便于国内外拉祜族相互交往和文化交流。1956年国家民委批准《云南省拉祜族文字方案》（试行），于1958年在澜沧和双江拉祜族中试验推行。

为了推广使用拉祜文，1952年云南民族出版社创建后，设立了拉祜文图书编辑室，曾编译出版拉祜文扫盲课本和小学拉祜文课本，1981年开始出版拉祜文书刊，开创了拉祜族历史上用拉祜文出版书刊的新篇章。

拉祜族学生学习文化（图/谭春）

拉祜族语言

拉祜文书籍（《学知识》）

拉祜族是中华民族大家庭中的一员，有自己独立的语言——拉祜语。拉祜语属汉藏语系彝语支的一种独立语言。它的基本词汇，特别是古语词汇与彝语支的彝语、傈僳语、哈尼语、纳西语等相同或相近。这种古语相同相近现象，语言学家称“同源词”，证明了拉祜语是彝语支中派生出的一种独立语言。

拉祜语有拉祜纳方言、拉祜西方言和苦聪方言。拉祜族是同语支民族中方言较少的民族之一。操拉祜纳方言的人，占拉祜族总人口数的80%左右。操苦聪方言的人，占拉祜族总人口数的6%左右。三大方言的基本词汇（古语词）大部分是相同的，只有部分不同。这种不同正反映了它是由拉祜族三大支系分东西两路迁徙，分别定居在澜沧江东西两岸广大地区后出现的社会和自然环境不同而形成的。

居住在澜沧江以东靠内地的普洱、景谷、镇沅、金平、墨江、新平等地的拉祜西支系和苦聪支系各部落不论居住何处都散居于山区，处于封闭和半封闭状况，保存本民族的古语古词多；同时又因地处靠内地地区，受汉民族思想文化的影响较深，吸取了大量汉语词汇，语言比较丰富。居住在澜沧江以西广大地区的拉祜纳支系，由于地处边疆区，历史上这些地区是傣族封建领主统治区，受傣族思想文化的影响多，所以，拉祜纳方言的特点是借入傣语词汇多、变化大。三大方言的差别仅是词汇和语音方面的差异。

拉祜语的语言族属关系

彝语支	彝语
	哈尼语
	傈僳语
	拉祜语
	纳西语
	基诺语

撰稿专家

刘劲荣，拉祜族，二级教授，博士生导师，享受省政府特殊津贴，云南省首批云岭教学名师。现任云南民族大学民族文化学院院长，拉祜族研究会常务副会长。主要研究方向为拉祜族语言与文化。出版论著《拉祜语四音格词研究》《汉拉简明词典》等19部，公开发表学术论文50余篇，承担国家级、省部级项目20余项，并有部分成果获奖。

《拉祜语四音格词研究》

扫描二维码，
阅读专家代表著作的电子版

拉祜族创世史诗《牡帕密帕》讲述了厄莎开天辟地的瑰奇传说。
敲响神鼓，是拉祜族与至高神厄莎沟通的重要方式(图/谭春)

第2章

来自远古的吟唱：《牡帕密帕》

创世史诗

本章主撰稿人：云南大学教授　张锦鹏　　昆明学院讲师　熊开万

在很久很久以前，没有地也没有天，

没有风和雨，日月星辰都不见。

白天黑夜分不清，东南西北无法辨，

迷雾茫茫的日子呵，不知过了多少年。

宇宙在沉睡，独有厄莎天神未合眼；

宇宙好像蜘蛛网，厄莎坐在网中间。

厄莎苦思苦想，天天坐卧不安。

厄莎睡着想，睡破了九床垫子；

厄莎站着想，踩坏了九双鞋子。

厄莎急出三身大汗，进进出出打转转。

厄莎搓下脚手汗，做了四棵柱子：金柱子，银柱子，铜柱子，铁柱子。

又做了四条大鱼：大金鱼，大银鱼，大铜鱼，大铁鱼。

柱子明晃晃，大鱼光灿灿。

柱子支在鱼背上，再架四棵天梁，再架四棵地梁，

天椽放在天梁上，地椽放在地梁上，

从此天地分开了，厄莎心里好喜欢。

——《牡帕密帕》开篇

拉祜文化之源——《牡帕密帕》

悠远而苍凉的古调，似乎从远古深处传来

《牡帕密帕》是拉祜族的创世史诗。吟唱《牡帕密帕》曾经是拉祜族村寨社区生活的重要内容，在过拉祜年"扩"和新米节等节庆之时，在拉祜族婚礼之时，总要请长者来吟唱《牡帕密帕》，以增加节日的气氛，感激创造拉祜族的天神厄莎的恩典，祈求风调雨顺、生活平安幸福。千百年来，拉祜族长者就是在这些重大的族群节庆活动和家庭人生礼仪中吟唱《牡帕密帕》，向年轻人缓缓讲述族群的历史文化。拉祜族的历史和文化便是在长者的吟唱之中、在熊熊跳跃的火苗之中一代一代相传，一代一代承接。

《牡帕密帕》以吟唱的方式世代传承，只有一个调式，悠远而苍凉，节奏缓慢，似乎从远古深处传来，极富历史穿透感。《牡帕密帕》的诗意十分浓郁，唱词格律固定，对偶句居多，通俗易懂又朗朗上口，特别适宜音律简单的吟唱表达。吟唱的气氛是冥想的，一种悠远苍凉的音符贯穿了史诗全篇。伴随着黑夜笼罩的山寨中的阵阵松涛声，那悠远的曲调总是让人感受到远古的气息迎面而来，听者为之肃穆，说唱者如痴如醉。

"牡帕密帕"是拉祜语音译，其含义是"造天造地"。顾名思义，创世史诗《牡帕密帕》就是讲述宇宙起

葫芦已经成为拉祜民族的文化符号和独特象征。图为位于澜沧县的拉祜风情园(图/李平)

源、万物产生、人类出现以及拉祜族族群繁衍的神话。《牡帕密帕》的主要内容是：天神厄莎造天造地，创造万物，并赋予世界以秩序；厄莎培育葫芦，创造人类，并划分民族；在厄莎的引导下，拉祜族繁衍壮大，与其他民族发生矛盾和战争，不断迁徙南下，寻找安居乐业之地。

澜沧县老达保村《牡帕密帕》保护传承基地落成典礼上，传承人们披红戴彩，备受尊敬（图/谭春）

对拉祜族而言，《牡帕密帕》远不止是讲述了一个遥远神话故事的歌本，而是在日常生产、生活中有着重要影响的民族史诗。《牡帕密帕》从一开始，便以天神厄莎之手创建了一个拉祜族社会秩序的蓝本。因此，对于任何一个拉祜族人而言，《牡帕密帕》是一个迎面展开的传统，拉祜族日常生活的痕迹，拉祜族族群发展的历史脉络，都或深或浅地镶嵌其中，成为拉祜族叙事能力的源泉，成为拉祜族理解世界的知识体系，成为拉祜族重要的精神文化遗产。

《牡帕密帕》是拉祜族传统文化的源头，拉祜族的传统生活处处与《牡帕密帕》有着密切而深远的关系。拉祜人源远流长的厄莎崇拜由此而来；拉祜人最为隆重的葫芦节以及新米节、火把节全都源自史诗中的传说；最受拉祜族人喜爱的芦笙舞有着祭祀厄莎和娱神的文化内涵；男女相恋是厄莎教会第一代人类扎迪和娜迪的；拉祜族女性的荷包和包头来自史诗中迁徙部分的传说；拉祜人的名字来源于史诗中的十二种动物；维持传统拉祜族社会的种种习俗和秩序，几乎都能从这部史诗中找到蓝本……

然而，近些年来，随着火塘文化的逐渐衰落，《牡帕密帕》也遭遇着现代化的冲击而濒临失传，《牡帕密帕》的吟唱逐渐淡出拉祜族的日常生活，会唱《牡帕密帕》的“嘎木巴”（会唱诗的人）多已是古稀之年且不断减少，年轻人不仅不会唱，也越来越听不懂老人们所唱的《牡帕密帕》的内容。在20世纪80年代，澜沧拉祜族自治县内拉祜族人聚居的自然村寨，每一个村寨都有几个老人能完整地说唱《牡帕密帕》；但到本世纪初期，澜沧县全县也只有为数不多的几个老人能完整地说唱《牡帕密帕》，而且都已七十多岁高龄，《牡帕密帕》已经面临严重的濒临失传危机。

近几年来，在国家对少数民族文化和非物质文化遗产大力保护的政策支持下，《牡帕密帕》才重新焕发了生命活力，进入了全国第一批非物质文化遗产保护名录，相关的传承保护活动也逐步开展。为了更好地保护和传承《牡帕密帕》，澜沧县文化馆在老达保、班利、南段等八个村寨建立了《牡帕密帕》传承基地，由传承人组织村寨中的青年人学习传唱《牡帕密帕》，让拉祜族的历史文化在追随现代化的年轻人中扎根生长，不断传承。现在，年轻的拉祜族一代主动向长者学习传唱《牡帕密帕》，《牡帕密帕》所蕴含的拉祜族历史文化和拉祜族精神世界也越来越多地为人们所认识和解读。

《牡帕密帕》的发掘与整理

《牡帕密帕》从文本上说是诗歌，从内容上说是神话。诗歌是语言出现后的产物，而诗来源于歌。人类历史上曾经有过一个咏唱自然和日常生活的时代，在那个时代里，人们用节奏和旋律表达情感，就是歌咏，歌咏不足，配以富有旋律的语言，便成了诗歌。拉祜族是一直将这种传统延续下来的民族。

《牡帕密帕》在拉祜族社会流传甚广。在国内，拉祜族聚居的地区，如普洱的澜沧、孟连，临沧的双江等地都有《牡帕密帕》的传唱；在国外，缅甸、老挝、泰国等地的拉祜族中也有《牡帕密帕》的流传。过去千百年间，因为拉祜族没有文字，《牡帕密帕》只能靠吟唱传承，人们只能在拉祜山寨的火塘边听得到。中华人民共和国成立后，从事民族工作、文化工作的理论工作者和基层工作者为整理、保护和传承拉祜族创世史诗《牡帕密帕》进行了大量工作，先后整理出版了多个版本。2009年，澜沧县文化馆的同志再次整理补充了《牡帕密帕》，形成了一部新的拉祜文和汉文对照版的《牡帕密帕》。这是迄今为止所收录的内容最完整、体系最全面、汉文翻译最具史诗特点的一个版本。本章所引录的《牡帕密帕》句、段，也均出自这个版本。

《牡帕密帕》的各个版本所讲述的内容大同小异，基本都包括了“造天地”“造太阳月亮”“造万物”“种葫芦造人”“第一代人”“打猎分民族”等内容。不同之处，一是扎努扎别的产生时间，有的文本将扎努扎别的产生放在厄莎种葫芦之前，有的文本将其放在厄莎种葫芦之后；二是《牡帕密帕》所包含的内容，有的版本内容只包括造天造地、创造万物、创造人类，将扎努扎别、迁徙等内容作为独立的史诗来记叙，因此一些拉祜族文化出版物中拉祜族史诗有《牡帕密帕》、《扎努扎别》、《根古》(即拉祜族迁徙史诗)三种。

根据《牡帕密帕》的最新整理版本，整部史诗分为十一节，依次是造天造地、造太阳月亮、划分季节、造江河湖海、造花草树木、造扎努扎别、播种葫芦、扎迪娜迪的传说、比氏依松(出世)、猎虎分族、战争与迁徙。

《牡帕密帕》出版物

天地万物从哪里来，拉祜族人从哪里来

拉祜人如何解开这永恒的谜团？

厄莎从虚空中创造天地

创世史诗《牡帕密帕》全诗贯穿着一个核心——天神“厄莎”，拉祜语为“Xeulsha”，汉语译为“厄莎”“厄萨”“厄霞”。它是一个男女一体的神，男性的部分称为“厄雅”，女性的部分称为“莎雅”，平时称呼中的“厄莎”是这二者的合称。

根据《牡帕密帕》的叙述，在混沌世界里产生的厄莎只是一个尘粒，这粒尘埃无限地小，小到没有内核，“厄雅只有云珠大，莎雅只有雾珠高”，但它会自我生长，小而不孱弱。他翻一个身，就慢慢长大，他伸伸腰，就慢慢长高。

厄莎存在于虚空之中，漂浮在虚空之中的躯体了无支撑，漂浮在虚空之中的灵魂空茫虚幻，“没有厄雅住的天，没有莎雅住的地”。于是，“厄雅想做一些事，莎雅想干一点活”，经过七八年的冥思苦想，厄莎才有了“造一片天”“造一片地”的想法。但厄莎势单力薄，难以造

拉祜族人喜爱的芭蕉树。在《牡帕密帕》的传说中，是厄莎种下了芭蕉树，从树里流出的水滋润了万物（图/谭春）

天造地。因为天有四维，地有四方，厄莎难以控制。不过，厄莎分身有术，他搓出了手汗，又搓出了脚汗，“克隆”了扎布娜布、扎倮娜倮、扎依娜依、扎努扎别，和他一起创造天地。

厄莎造出了天地之后，又用自己的汗泥，搓出了金坨和银坨，让扎倮娜倮炼金银，造成了金太阳和银月亮，用金线和银线挂在了天空。又将碎金子和碎银子，撒到天上成了漫天繁星。

天地造好了，但是“地无着装光溜溜”。因为没有水，大地一片沉寂，一片死气。于是，厄莎在房前屋后挖了个水塘，建了个湖泊。但是“水塘湖泊挖好了，就是没有一滴水”。于是，厄莎种下一粒芭蕉籽，用绿缎做芭蕉叶，用丝绸做芭蕉秆，用金子做芭蕉花，用银子做芭蕉根。芭蕉树活了起来，但是水仍然没有从芭蕉树上流出来。厄莎搓下脚汗和手汗，做出青蛙和螃蟹，螃蟹用蟹螯夹开了芭蕉根，水于是一滴一滴地滴了出来。天长日久，池水变成了湖海。

老鼠和小米雀啄开孕育人类的葫芦（选自《从葫芦里出来的民族——拉祜族》插图）

水是万物之源，水的创造，是厄莎激活世界的开始。在《牡帕密帕》中，厄莎用水将这片一望无际的红土地染上了最初的色彩，同时也给万物的创造奠定了基础。

种葫芦孕育人类

日月星辰、天地水火、动物植物全都造好了，厄莎的世界充满了生机。但是新的问题也因此出现：

造天造得那么广，
造地造得那么宽，
要让谁来管天地，
厄雅莎雅无主张。

厄莎绞尽脑汁，想出了一个好主意，那就是造人类。人类不同于普通动物，是一种有高度智慧的、有无尽潜力的、会自我发展的动物，这种高级的动物要如何

葫芦是拉祜族人的至爱（图/苏锟）

造呢？厄莎选择的是葫芦，用葫芦来孕育人类。他用造日造月时剩下的金水滴和银水滴造了葫芦种子，并用自己的指甲做了胚胎。于是葫芦发芽生长了，葫芦苗吸收日月之精华、大地之灵气、雨露之滋润，茁壮成长。

一些葫芦成熟了，从藤蔓上落了下来，落进水中，变成了各种鱼类。最后，只有一个葫芦还挂在藤上。它早已成熟，却总也不从藤上落下来。直到有一天，一只受惊的马鹿奔跑时，不小心绊了葫芦藤，这“一踩一绊不得了，碰掉葫芦顺山滚”，葫芦不见了踪影。

厄莎到处寻找葫芦的下落，经过千辛万苦，在很多动植物的帮助下，终于找到了滚落在佳西佳洛江的葫芦。在螃蟹和乌龟的帮助下，葫芦从江水中被打捞上来。“葫芦晾晒半个月，葫芦里面有人声”，葫芦里的人希望打开葫芦出来，于是，所有的飞禽走兽都来了，争着帮忙要把葫芦打开一个口，但尝试后却一个个败下阵来。最后是老鼠和小米雀共同把葫芦啄开了口，让葫芦里的人——扎迪娜迪出来了。

比氏依松：第一代拉祜族人的诞生

从葫芦里诞生的扎迪娜迪，不是神，而是有血有肉的人。

扎迪娜迪来到世上，厄莎慈爱地呵护他们，给他们喝的是“最清的水”，吃的是“最甜的蜜”“最软的饭”。兄妹俩在厄莎及其儿女扎依娜依的精心呵护下逐渐成长为英俊的小伙和美丽的姑娘。厄莎想要扎迪娜迪结为夫妻，生儿育女。但是扎迪娜迪不同意，因为他们是兄妹。厄莎用多种隐喻暗示他们兄妹也可以成婚，但扎迪娜迪就是不愿意，他们甚至还故意相互分离，以隔断亲密关系。

为了达到让扎迪娜迪担负起繁衍后代的重任，厄莎只好偷偷地给他们的食物中放了迷药，吃了爱情迷魂药的扎迪娜迪相互思念起来，两人又重新回到一起。于是，爱情的果实成熟了，娜迪的肚子里开始孕育起新的生命。十月怀胎之后，娜迪生下了一大堆孩子，一共生了十二对。娜迪生下来的孩子们称为比氏依松。比氏依松是第一代拉祜族。为什么说是第一代？因为他们是父母所生，是扎迪娜迪所生，不再带有神性的色彩，而是活生生的有血有肉的人。扎迪娜迪也是人，但是扎迪娜迪是被天神创造的，他们身上有人的血肉、人的理性、人的情感、人的生活方式，但是仍然带着神迹。

追寻宝箭落下的地方

厄莎造天造地之时，创造了宇宙万物的起始之源——北基南基。在拉祜族的历史传说中，北基南基是非常重要的地方，是宇宙中所有元素的归集地，是族群起源之地。

20世纪五六十年代，狩猎依然是拉祜族苦聪人重要的食物获取途径。图为苦聪人正在分配捕获的猎物，摄于1959年（图/云南省社科院）

以狩猎著称的拉祜族

拉祜族是以狩猎著称的民族。与拉祜族频繁接触的傣族、汉族等民族都知道拉祜族狩猎技巧非常精湛，他们有时也把拉祜族称为狩猎者。泰语称拉祜族为“目舍”(Musue),其意思就是“狩猎者”。

拉祜族的猎神有的是历史上有突出贡献的英雄人物所化，有些是原始自然崇拜的结果。由于狩猎直接关系到他们早期生活的绝续，拉祜人在从事这项活动时异常谨慎，他们入山打猎，必须严格地遵守山神的规则。

“山是由神支配的世界，不遵规则地闯入，肯定要亵渎山林、触犯山神的。”老达保寨子的李石开告诉我们，“因为山林是神圣的场所，必须区分出来。每个山都有山神，厄莎让山神管理山中事务，入山需要拜山神的，不仅要拜，还要请求山神的指示，如果山神不让打到猎物，你是打不到东西的，有时甚至还要惹上祸祟。”

拉祜族观念中，山神没有厄莎一般的喜怒参半与威严。他们也和人类一样有世俗的需求，因此每次围猎，村民都要先献牺牲给猎神，然后静观猎神的指示。猎人们会在献完牺牲之后，打开一个鸡蛋，将蛋清蛋黄倒在地上，看看什么东西来吃鸡蛋。如有蚂蚁来吃，意味着此次出猎可以收获麂子；蟑螂来吃，可以收获马鹿；蜘蛛来吃，可以猎获豹子……如果长时间没有小动物来吃，意味着猎神不赞同此次出猎。还有，如听到蓄荜鸟叫声是危险的讯号，如果贸然前进，会遭受凶灾。这些时候，拉祜族猎人们需要回家静待，择时再进行围猎。行猎途中，须保持肃静，不可

狩猎的拉祜族青年(图/谭春)

苦聪男子喜欢狩猎，有高超的狩猎技艺和经验。摄于1959年（图/云南省社科院）

嬉笑喧哗，因为猎取其他动物满足口腹之欲是不得已而为之的。

围猎是规模较大的狩猎方式，参与的人员众多。猎人们先在动物出没的地方下好扣子，挖好陷阱，设好机关，然后一起放狗，吆喝，将动物撵到机关陷阱之地进行捕获。设陷阱、机关、扣套等捕获猎物是厄莎教给比氏依松对付动物们的本领，也是比氏依松的后代们赖以生存的主要生计方式。

当猎物打中了，猎人们就会带着猎物，兴高采烈地唱着《猎歌》凯旋而归。《猎歌》是这样唱的：

今天是我们拉祜人集体撵山的好日子，
拉祜汉子千人百人，
带上心爱的猎狗，扛上猎枪和弓弩。
顺着豪猪、豹子、麂子、马鹿的足迹，
向大山深处进发。
山是那么的高，谷是那么的深，
听，听，猎狗找到猎物了。
冲、冲、冲，黄狗黑狗加油，母狗小狗跟上！
冲、冲、冲，勇敢的拉祜汉子，请做好射手的准备。
砰！哎，打中哪种猎物了？
噢，是麂子和豹子！
哎哟！哎哟！你的枪法真是棒极了！

当村民们唱起这首打猎歌的时候，歌声激昂热烈，欢快奔放，与《牡帕密帕》冥想式的曲调截然相反。

若是打中一个大型动物，如麂子、野猪等，便是一次很成功的围猎。猎人们扛着猎物，一路上兴高采烈地放着空枪、唱着歌回村。村里的女人孩子们，早已听到了枪声，放下家里的活计，出来到村口大路上等着分享这成功的喜悦。

分享猎物是整个打猎行动的最后程序，也是最终目的。拉祜族从古到今一直坚持采用“见者有份”的猎物分配规则，不仅猎物要均分为一小块一小块的，然后全村所有的人家都分配到一块肉，而且，在场的人，无论是过路者还是去看热闹者，都可以分到一小块肉带回去。射中猎物的猎手能够分到头和里脊，其他的膀子、脖子、胸脯等各个部位，一般都服从传统规定，分配给猎手家的舅舅、伯伯等亲戚。猎手分到头，并不能自己家煮着独自吃了，而是要请卡些、摩巴等头人和老人们来吃。在吃肉之前，摩巴还要念经做礼，感谢厄莎和山神。能够经常打中猎物，尤其是大型动物的猎手，是村寨里的英雄，全村人都引以为自豪。当然，也是村里的女孩子们钟情和追求的对象。

如今的拉祜村民，已经有很深的爱护森林、保护野生动物的生态意识，他们已经很多年都没有进山打猎了，年轻一代几乎没有感受过集体围猎获取而归的荣耀与成就。他们骨子里流动着“狩猎者”的英勇，只能在逢年过节杀猪的时候一展身手。当一把尖刀准确无误地插入一头猪的喉管，鲜红的血液喷涌而出之时，拉祜男子们似乎又回到了山林里的猎场。即便不杀猪宰牛，他们在火塘边一起唱起《打猎歌》，进山打猎的英勇又会再次激荡着他们的血液，不畏强者的精神又重新回到了他们的灵魂之中。

厄造天心是北基，
莎造地脐是南基；
北基就是天中央，
南基就是地中心。

北基南基同时也是拉祜族先民最早生活的地方，它“平如掌”“地肥水美”“富足四方”。在这片充满灵性的沃土上，比氏依松们共同住在这里，拉祜族和其他民族互相敬重，就像青草茅草一处长，青树黄树一道生。他们和睦相处在一起，各自过着安静的生活。

后来，北基南基地盘小、人口多，曾是兄弟姐妹的比氏依松们开始了相互的争夺与斗争。最大的矛盾来自汉族和拉祜族之间。因为汉人来争拉祜族的田地，拉祜族奋起反抗，到处血流成河。战争打了好长时间，谁都没有打赢，拉祜族不愿意再打仗，于是举族迁离北基南基。

离开故园南基北基的拉祜族，要走向何方？哪里是他们的新家园？这是一个难题。在《牡帕密帕》的记载中，厄莎是这样帮助他们解决这个难题的：厄莎赐给他们一个神箭匣子和一张弩，神箭匣子里有三支箭，一支是金箭，一支是银箭，一支是铜箭，并且告诉他们，在族群生死攸关的时候，只要把神箭搭到弩上，射向远方，神箭落下的地方，就是拉祜族安居乐业的地方。

于是，拉祜族卡些（头人）按厄莎的神谕将箭射出，神箭飞向了南方，整个族群向南迁徙，追逐寻找神箭落下的地方。整整走了三年，拉祜族来到了一条大江畔，这就是佳西佳洛。据民族学家研究考证，《牡帕密帕》记载的拉祜族迁徙之地佳西佳洛，在如今的四川省西部，金沙江流域范围内。

拉祜族在佳西佳洛平静地住了很多年，大家相互

澜沧县城全景（图/谭春）

敬重，和平共处，平分猎物，欢欢喜喜，繁衍了很多人口。因为佳西佳洛产金银，又有汉人来争夺，于是纷争又起，一部分族民不愿意卷入到战乱中，于是扎了竹筏，渡江离开佳西佳洛，寻找新的栖息之所。

拉祜族们继续追寻着宝箭，走了一年又一年。经过七座大山和七条河水汇合之地，越过贫瘠的红土丘地，拉祜族来到了阿沃阿戈东。这里是一个物产丰富的大坝子，学者考证，这个大坝子就是四川盆地。但是拉祜族先民们在这里没有找到神箭。在追猎马鹿的过程中，他们偶然发现了一个新地方"牡缅密缅"，这就是今天的临沧地区。

拉祜族迁徙到临沧地区的时间大概是明朝中期，有相关史料可以印证《牡帕密帕》中拉祜族迁徙到临沧地区的记载。在牡缅密缅期间，是拉祜族经济社会发展最快、族群最繁荣昌盛的时期之一。

但是，正如史诗中记载，拉祜族最初迁徙到牡缅密缅时，在这里也没有发现金箭，他们知道这里只是暂时的居身之地，不是永久的家园。不久之后，烽烟再起，战火重烧，已经厌倦战争的拉祜族，顺着澜沧江一路南下，他们终于找到了神箭落下的地方：

传说中的三支箭，
一支落在勐朗坝（澜沧），
一支落在玛牡密（缅甸），
一支落在泰牡密（泰国）。

拉祜一路寻宝箭，
拉祜一路觅新居，
正因神箭落三处，
拉祜居住在三地。

澜沧县城的街市(图/谭春)

《牡帕密帕》所记叙的拉祜族离开牡缅密缅，向澜沧、缅甸、泰国等地迁移，是指清朝至民国时期并延续到中华人民共和国成立初期，发生在西南边疆地区的一系列政治事件引起的拉祜族大规模的族群迁徙。

今天的拉祜族，主要分布在中国云南西南部、缅甸和泰国。《牡帕密帕》的传承者们用吟唱的方式、用书写成文字的方式，记叙着拉祜族整个迁徙的历史。他们每一次迁徙，都是追寻着神箭而去，他们今天的跨境而居的状况，是因为三支宝箭落在了三个不同的国家。如今，生活在泰国和缅甸的拉祜人，尽管他们迁徙到他们所生活的地方的时间不同，但是在其集体记忆中，战争与最后射出的三支宝箭是他们迁徙国外的开始，也是他们寻找幸福的方向。

《牡帕密帕》的文体

《牡帕密帕》由统一的固定旋律进行演唱，可以重唱、合唱和单独演唱，还可以男女混合进行多声部演唱。歌词多以诗歌的形式出现，成为拉祜族文学体裁中的一个重要内容，并以其独特的形式区别于其他文体。

《牡帕密帕》中的大多数歌词是按拉祜语诗歌对仗押韵的要求来编写的。其中较重要的一个特征，就是以四音格词的形式来进行对仗、押韵。诗歌中将四音格词拆开，前两个音节用在上句，后两个音节用在下句，形式上互相照应，内容上互相补充，使诗句音节结构和谐优美，诗体整齐美观。

例如，史诗的开头两句:

o ho o te khw
那 古 那 时候
o tha o te za
那 久 那 时候

就是将o ho-o tha和te khw-te za两个四音格词拆分而构成的。

《牡帕密帕》：拉祜族的"百科全书"

取之不尽的文化宝库和智慧源泉，哺育一代又一代拉祜人

千百年来，《牡帕密帕》在拉祜族中一代一代地传唱着，拉祜族从中了解了本民族的历史发展，从中秉承拉祜族的生活经验和精神文化。这部史诗凝聚了拉祜族社会历史和文化的丰富内容，堪称拉祜族的"百科全书"。

对宇宙万物的原初解读

为什么天上会有太阳月亮不断追逐，有白天黑夜交相更替？为什么我们生活的大地上有巍峨高山、平坦原野，有奔流不息的江河？为什么森林里有千姿百态的动物和植物？它们所生长的环境为什么各有不同？……

和其他民族一样，拉祜族先民对自然界也充满了好奇心，他们用自己好奇的眼光去认识自然万物，也试图用自己的理解去回答自然界的万物为什么是这样。在探究自然万物的过程中，他们建立了自己的知识体系，以神话的方式将事物之间的关系作了合

茶树是拉祜族地区最重要的植物之一（图/苏锟）

拉祜人腌制的腊肉(图/谭春)

理化的解释，其中充满了拉祜族的睿智幽默，也呈现出不少朴素的自然知识。拉祜族传统社会所积累发展的知识体系，贯穿于《牡帕密帕》史诗的叙事过程之中，代代相传。

比如，《牡帕密帕》是这样解释太阳和月亮交替更迭的：厄莎用黄金和白银分别炼就了太阳和月亮，然后让蜘蛛用其蛛网将它们挂到了天上，本来厄莎要太阳晚上走月亮白天走，但是太阳说它晚上怕豹子咬，月亮说它白天怕青蛙缠。于是厄莎就让太阳白天走，月亮晚上走。为了不让太阳月亮偷懒不走，厄莎白天放出青蛙、晚上放出豹子，让它们撵着太阳月亮走。有时候太阳月亮走不动了，就会被豹子咬，被青蛙吞，就得让摩巴来招魂医病。为了让太阳月亮永远保持动力，交替巡山，厄莎让太阳和月亮吃了迷魂药，并牵线让他们结了婚，于是"月亮跟着太阳走，太阳尾随月亮转"，"从此天上阳光照，从此地上月生辉"。

一个充满浪漫情调的神话故事，把太阳和月亮交替运行的这一自然规律做了合理化解释，同时还解释月食、日食的形成，并给出了解决的方案。虽然并不科学，但是它至少认识到日升月落永不停息地运行这个自然规律形成，是需要某种动力来推动的。

《牡帕密帕》"划分季节"一节中，我们可以看到拉祜族先民已经认识到了月亮圆缺一个周期为一个月，月亮圆缺十二次为一年，一年分十二个月，他们用"温暖的季节""多雨的季节""凉爽的季节""寒冷的季节"来划分四季，这几个季节的植物特征是"温季枝头百花开，雨季枝头挂满果，凉季果子熟透了"。

在《牡帕密帕》中，出现了多种植物和动物的名称，不少还涉及这些植物的生态环境和动物的生活习性，这是拉祜族对所生存的自然环境和各种生物不断观察所积累起来的生物知识。如生长在箐头上的是黑心林，生长在陡坡上的是紫胶树，生长在河谷中的是干天树，生长在山谷中的是冬瓜树，生长在垭口中的是玛登林，生长在园圃中的是茶树、烟叶、蚕豆、豌豆，在园圃周围的是缅石榴、柚子林（均为水果类）……在山林中、树丛中，树叶纷纷落下，就变成了蛐蛐、蜻蜓、爬虫、小鸟、孔雀……因厄莎酿出了美酒，洒向大自然，树上的果子有了各种滋味，飞禽走兽有了语言，世界因有了各种动物植物而丰富充实，世界因各种自然之声而变得生动热闹。“所有的飞禽有住处，所有的走兽有食吃”，在《牡帕密帕》中，拉祜族已经认识到了自然界各种生物相互依存、互为食物链的基本规律。

传递生产生活经验

在人类进化史中，原始人向智人转变的标志性特征是火的使用。在《牡帕密帕》中，厄莎发明了火，教人们使用火。但火是一种无情的力量，它四处蔓延，几乎烧光了大地中有生命的东西。厄莎通过暴雨浇灭了火，然后指示人类说，石头中有火。人类于是开始燧石取火。燧石取火是拉祜族从使用自然火转向人工取火的开始。《牡帕密帕》关于火的使用的描述生动有趣，可见《牡帕密帕》中所蕴含的真实知识与理性智慧。

刀耕火种、游耕游居是拉祜族的传统生计。《牡帕密帕》记载，如何刀耕火种也是厄莎亲自教导的。厄莎给扎努娜努五谷种子、生产工具和黄牛水牛，但扎努娜努“不知荒山怎么开，不知荒草怎么摞”，厄莎教会了他们。于是，拉祜族学会了垦荒山种山谷，学会了犁水田耕山地，也掌握按时令垦荒种地：

二月中旬月正圆，
谷种下地布谷欢；
阳春三月花似锦，
谷苗出土似针芒。
四月入夏间好苗，
五月薅草心要细，
六月谷子正抽穗，
七月谷熟米不熟，
八月十五月正圆，
风吹稻谷似波浪，
金色谷穗映蓝天，
正是丰收好时节。

《牡帕密帕》通过长者的吟唱，把拉祜族的生产生活知识，向后人一代一代传承。在厄莎找寻葫芦一节中，厄莎问了很多动物植物葫芦的下落，通过动植物的回答，厄莎给予它们祝福或诅咒，从而规定这些动植物在人类生活中的用途。如对说真话的竹林的祝福是让它成为拉祜族谈情说爱时使用的响篾（竹制乐器），让蓝靛成为染制衣服的原料，让椿树作为制作家具的材料，让栗树作为盖房的柱子等；对说谎话的楠华树则让它将来成为人类的犁杆，让黄栗树用来制作锄头把，让泡芦用作编织挡墙的草料，让白花树的花儿成为人类的菜肴……

拉祜族竹编（图/李剑峰）

厄莎赋予世界秩序和规则

秩序是宇宙运行之逻辑，秩序是万物生存之法则。《牡帕密帕》告诉我们，是天神厄莎，给世界上的一切制定规则。从太阳月亮的交替，到石头山川的形态，到树草生长的环境，到各种动物的食物选择，都是厄莎的规定。厄莎在创造世界的同时，也建构了自然界和人类社会的秩序。

在《牡帕密帕》中，厄莎不仅使天地日月、山河湖海各归其位，还令动物和植物各安其分，“能住山上住山上，能住水里住水里，能住洞里住洞里”。史诗中提及100多种动物和植物，这些动植物的体型、命运、效用都遵循厄莎规定的秩序。

《牡帕密帕》中，打猎分族群的说法也是厄莎对人类社会的一种秩序规定。拉祜族作为来自于青藏高原的民族，生活环境恶劣，历史上狩猎的重要性一直在垦种之上。他们以狩猎为生，各自分散地居住在山林河谷地区。打猎是拉祜族传统生产活动的主题，卷入其中的不仅是拉祜族社群成员，还有哈尼族、汉族等相邻的群体。平分猎物，欢欢喜喜，是拉祜族精心构筑的大同社会理想。“打猎分族群”的传说传递着这样一个信息：在拉祜族的内心世界里，不同的族群都是同一个母体繁衍出来，他们之间没有本质的区别，族群的划分和族群的领地也是在社会演进之中随机形成的一种格局，没有强弱之分，也没有先进与落后之分。

直至如今，孟连县的勐艾、回俄等地方，拉祜族与其他民族和睦相亲的人文图景仍然保留完好。当地傣族称这种类似于亲戚的族际关系为“宾弄赛嗨”。山下傣族在所种的谷物未熟时，会背上布匹、金银往山上拉祜族、佤族的寨子换玉米和麦子；坝区傣族的谷米成熟

拉祜族与生活在同一地区的其他民族和睦相亲，互惠互利。图为澜沧县景迈山的糯干大寨，是傣族同胞聚居的村落（图/姚倬）

之时，拉祜族、佤族也会拿着鸡、猎物到傣族寨子里换取谷米。农忙时，坝区傣族和拉祜族间互相帮忙，随着交往加深，双方形成稳定的互惠关系。拉祜族芦笙舞国家级传承人李增保先生说，拉祜人有一种像蜂一样紧贴在一起的需求，他们对故土、乡音和兄弟民族满怀眷恋，在交往中有着深厚的感激与互助的守望。

凸显拉祜族的价值观念

《牡帕密帕》的深邃与高妙不仅体现在它是一个自然知识体系和生产生活经验大全，还体现在它是社会秩序规则和拉祜族人文价值的集大成者。在史诗中，拉祜族的生活哲学、伦理道德、族群追求，无不一一生动地呈现在人们眼前。

在“扎努扎别”一节中，天神厄莎创造扎努扎别，但又最终将其毁灭的神话，是最能展现拉祜族民族个性和最能表达拉祜族价值观念的情节，而拉祜族本民族对扎努扎别是英雄还是叛逆者有截然不同的理解，这些不同声音，也很能体现今天的拉祜族对其族群命运的反思。

扎努扎别之死，留给了拉祜族一种不畏强权、勇于反抗的民族精神。在《拉祜族民间文学集成》中，“扎努扎别”作为神话传说展示给读者，最后一段是这样写的：

“当埋葬扎努扎别的时候，各种动物都来跳舞，百鸟都来吊孝……由于扎努扎别为了大家的幸福反抗厄莎，他不屈不挠，死不屈服，所以拉祜人都颂扬他的反抗精神。每当蝉虫和比鲁妈鸟唱起来的时候，拉祜人们总是同音叹息说：‘这是扎努扎别遇难的时候了！’”

翻阅拉祜族的历史文化的历程，我们可以看到，拉祜族的历史，曾经是为族群生存而不断战斗抗争的历史，拉祜族聚居之地曾被称为“三反五反”之地，他们与外族不屈不挠地抗争，无数次地流离失所，但拉祜族并没有屈服，而是悲歌之后，继续生活，继续战斗。对拉祜文化有深刻研究并充满深情的澜沧县原县长石春云先生说：

拉祜族地区各民族和睦相处、互通有无的街市（图/姚倬）

“《牡帕密帕》对拉祜族而言，最重要的章节是‘扎努扎别’，厄莎创造了世界，然后又创造了万物，万物生成了。他又创造了一个神——扎努扎别。扎努扎别非常勇敢、正直，只是因为他具有了与厄莎匹敌的能力，厄莎最终害死了他。扎努扎别与厄莎的斗争，是人类不屈不挠的精神的体现。尽管最后失败，却也足以激励世代拉祜人保持着这种精神，开创美好生活。

“拉祜族因为有了扎努扎别而成为一个勇敢的民族，山行不惧虎豹，处世不畏强暴，不断进取，向着太阳奔去！”

石县长还说，扎努扎别是知道自己最终要死的人中最聪明的人，当拉祜人都在相信预言和命运的时候，唯

刀耕火种的拉祜族传统生计

《牡帕密帕》中记载，传说拉祜汉子在烧肉时，突然刮起了一阵大风，火苗窜进了森林里，大火烧山烧光了大半个山峦。拉祜族在烈火烧过的土地上，直接播种五谷。他们发现，在火烧地上成长的庄稼绿油油的，根粗苗壮，秋收时收获颇丰。于是拉祜族学会了刀耕火种。

通常人们认为刀耕火种是与极其低下的生产技术相适应的一种农业生产方式，其劳动生产率低，对自然环境破坏大。但是，从另一个角度来看，刀耕火种耕作方式，未尝不是拉祜族以最小的劳动付出、获得最大的农业收获的一种方式。

由于刀耕火种直接利用自然地力，所以开垦的土地种植两三年后，地力被农作物耗尽，人们就得将其撂荒，重新选择土地烧荒栽种。因此，刀耕火种需要人们不断地选择新的土地去开垦，不断地把原来的土地废弃，属于一种游耕农业。

为了适应游耕农业的需要，拉祜族的生存之地也一直处于游动之中。在传统时代，拉祜族居住地并不固定，住一定时期（7—15年左右）要搬迁一次寨子。在搬迁的过程中，人口较多的寨子会分裂成两个小寨子，各择地而居，重新发展。

刀耕火种的拉祜人（图/李剑峰）

有扎努扎别一个人意识到命运是由他自己决定的。扎努扎别说："幸福由谁给我们？全靠我们自己创造。"他号召人们藐视天神厄莎的权威，因为这个自命为天神的力量总把万事万物安置在他编织好的罗网之中。

扎努扎别对天神厄莎的反抗是勇敢而幸福的，无论是在七个太阳的炙烤之下，还是在日月无光的黑暗之中。扎努扎别说，没有了日月，种子还是会发芽，因为人的希望在那里；洪水滔天，万物还是会生长，因为人的智慧在这里。由此我们可知，这个最终惨死的神就是人的化身，他的生命就是对人类幸福的诠释。

然而从另一个角度来看，扎努扎别身上的恶也是极其明显的。拒绝对天神感恩的扎努扎别可以被说成是一个负义之人，或者说成是狂妄自大之人。在这个意义上，扎努扎别也被拉祜族理解为忘恩负义的、不尊重长辈的人。

在日常生活中，当子女对父母言语上不尊重，对年老的长辈不尽赡养之责时，父辈们就会说"你这个扎努扎别"。"扎努扎别"这一节的最后是这样唱的：

扎努扎别的故事，
拉祜世代相传承，
从古一直到如今，
教育孩子要行善。

养儿养女为防老，
孝顺长辈是天职，
莫学扎努短命鬼，
多行善事多积德。

这里拉祜族的长者借助《牡帕密帕》告诫他们的后代，要学会知恩必报，应感激天神厄莎赐予之恩，善待父母养育之恩。拉祜文化中的厄莎崇拜、尊敬长辈、感恩他人等传统道德伦理，也在"扎努扎别"故事中得到了感性的领悟和理性的升华。

反抗天神厄莎的扎努扎别（选自《从葫芦里出来的民族——拉祜族》插图）

《牡帕密帕》中的敬老传说

在《牡帕密帕》的传说中，第一对人类兄妹扎迪娜迪从葫芦中走出来。厄莎送谷种给兄妹俩，教他们分节令和播种，并设计让他们结婚，组成一个家庭。扎迪娜迪婚后生了十二对儿女，从此人类不断繁衍和发展。但是，人们发现父母老了之后，没有体力了，不能参加劳动，于是有人想把老人背到山里不管。背到半路上看到一个鸟窝，鸟妈妈正在给小鸟哺喂，他想到自己小时候也是这样被父母喂养大的，现在他们老了不能不管。于是又将老人背回家里，好好侍奉他们。地里种出新的瓜果，首先给老人品尝，新年取回来的第一碗水给老人洗脸，有什么好吃的先拿给老人享受。厄莎赋予人生命，教会人们如何种地，也让人懂得尊老爱幼、相互关心的做人道理。

（文/张劲夫）

五世传唱之家：访《牡帕密帕》国家级传承人李扎戈

今天是星期天，信仰基督的老达保村民们都放下了手中的农活，休息和做礼拜。10点钟，教堂的钟声响了，村民们开始陆续走进教堂，做礼拜。一个半小时后，礼拜结束了，一些年轻的村民们并没有从教堂直接回家，而是来到了《牡帕密帕》传承馆。在传承馆里，李扎戈老人已经等着大家，看到年轻的后生们已经到了三十多个，他就开始给这些后生们上《牡帕密帕》的传承课了。

扎戈老人生于1939年，清瘦的脸上刻满了岁月的风霜，平时看起来，身体有些虚弱，但是一说起《牡帕密帕》来，他就顿时来了精神，眼光炯炯有神，声音也比平时说话大了些。他是文化部认定的国家级非物质文化遗产《牡帕密帕》的传承人之一，每年享受国家津贴8000元。自从澜沧县文化馆建设的国家级非物质文化遗产《牡帕密帕》老达保传承基地落成之后，每个星期天上午教堂礼拜结束后，他就定时在传承馆里教授年轻人学习《牡帕密帕》。

在传承馆没有建成之前，在国家级传承人的称号没有批下来之前，他也教年轻人学习《牡帕密帕》，在自己家里，在火塘前。当时，自愿来学习的年轻后生不多，只有五六个，这五六个年轻人还都是他的侄子、孙子们。自从《牡帕密帕》被批准为国家级非遗项目，村里年轻人主动来找李扎戈老人学习《牡帕密帕》的多了，现在已经有四十多人了。而李扎戈老人得到了政府津贴，不仅感受到了莫大的荣幸，而且也觉得自己肩负的重担更重了，他决心要好好地把《牡帕密帕》传授给下一代，不仅要让他们会完整地把《牡帕密帕》唱出来，

李扎戈一家人(前排中间老者为《牡帕密帕》国家级传承人李扎戈老人)(图/谭春)

不断地唱下去，而且还要让他们真正地理解《牡帕密帕》的文化精髓。

今天的课程，扎戈老人先是给年轻后生们讲“划分季节”那一段故事的来龙去脉，结合他们的生产生活讲那段故事的内涵，然后才带着这些年轻人一句一句地吟唱这段内容。尽管文化馆的老师已经整理出了《牡帕密帕》拉祜文版，扎戈老人教年轻人的过程中，仍然沿袭着传统的传承方式：口传心记。也许是因为老人和年轻人都不太认识拉祜文字，也许是因为《牡帕密帕》是口传文学，口传的过程加入了传唱者自己对文化的理解，整理出的版本老人不太适应。总之，他喜欢一句一句地教给年轻人，而年轻人也喜欢一句一句地跟着学唱。

在传承馆给年轻人上《牡帕密帕》传承课的，不单单是扎戈老人，还有扎戈的亲弟弟李扎倮、李扎莫。李扎倮生于1943年，他也是文化部认定的《牡帕密帕》传承人，享受政府津贴。李扎莫是扎戈老人家六兄弟中最小的弟弟，他的《牡帕密帕》唱得也很好，被认定为市级传承人。扎戈老人家庭，世代传唱《牡帕密帕》，到扎戈老人这一代，已经是第四代了。而现在他的儿子、儿媳妇也会唱了，可以说是《牡帕密帕》五世传唱之家。

说起扎戈几兄弟是如何学习传唱《牡帕密帕》的，扎戈老人话匣子就打开了，他说，唱《牡帕密帕》是他们家庭的传统。他们已故的父母就是村子里特别能歌善舞的人，父亲还是村里德高望重的摩巴，经常在逢年过节和婚丧嫁娶时为村民们唱《牡帕密帕》，主持祭祀活动。他们兄弟在生活中耳濡目染，从小就非常喜爱唱歌和跳舞。特别是父母亲演唱《牡帕密帕》时，那些充满神话色彩和幻想的传说，深深吸引了扎戈，他很小就常常坐在父母旁听着，用心记着，常常忘了吃喝，忘了睡觉。16岁开始，扎戈就正式学习演唱《牡帕密帕》，同时也学习主持祭祀活动需要掌握的相关知识。由于《牡帕密帕》是一部包罗万象的创世长诗，完整地演唱一遍需要三天三夜，而且只在逢年过节和婚丧嫁娶时才唱，所以他学习《牡帕密帕》断断续续学了十多年，才基本会唱全，到35岁时逐渐在当地小有名气，到40岁时逐渐成为当地受人尊重的摩巴，不仅会完整演唱《牡帕密帕》，还能做各种拉祜族的祭祀活动。扎倮、扎莫也成了当地有名的“嘎木巴”。

除演唱《牡帕密帕》外，扎戈还能完整演唱拉祜族迁徙史诗《根古》以及《生产劳动调》《祭祀调》《恋爱调》《喜调》《丧调》等，深受拉祜人民的喜爱。现在，扎戈老人是澜沧县能完整演唱《牡帕密帕》的8位民间艺人中的一个。逢年过节或有红白喜事之时，方圆十几里的村民们，都以能邀请到扎戈老人演唱《牡帕密帕》为荣。

扫描二维码欣赏
李扎倮吟唱《牡帕密帕》
片段

撰稿专家

张锦鹏，云南大学民族学与社会学学院教授，博士生导师，云南省民族理论学会常务理事。主要研究方向为跨境民族、拉祜族文化、民族经济与社会发展等。主要著作有《从逃离到归附——泰国北部美良河村村民国家认同的建构历程》《普洱非物质文化遗产丛书·牡帕密帕》等。

熊开万，昆明学院青年骨干教师，拉祜族研究会常务理事。主要研究方向为拉祜族古诗歌语、社会思想史。主要著作有《普洱非物质文化遗产丛书·牡帕密帕》（合著）等，担任《中国少数民族大辞典·拉祜族卷》副主编。

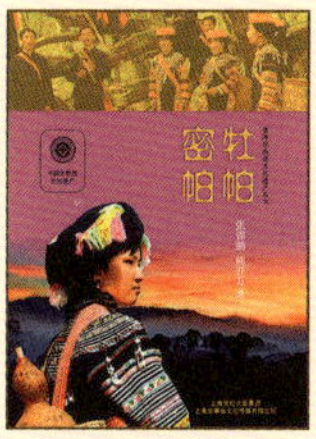

《牡帕密帕》

扫描二维码，
阅读专家代表著作的电子版

拉祜人祭祀厄莎(图/谭春)

第3章

“厄莎”至上：拉祜人的精神世界

宗教文化

本章主撰稿人：云南民族大学讲师　张劲夫　　美国图兰大学教授　杜杉杉

在拉祜人心目中，厄莎无所不能，无处不在，是永恒的、全能的、道德的、不可动摇的至上神。厄莎被比拟为太阳和月亮、天和地等，迂回在宇宙和万事万物间，像春风一样照耀、关怀着人们。厄莎又为拉祜族树立了世界观、人生观、善恶观，深深地影响着拉祜族的思想意识和生产生活。

拉祜族的这种以厄莎为核心的万物有灵信仰体系，包含了人们对自然和世界的认识。拉祜人总是通过举行各种形式的祭祀和仪式，来解除各种危机，消除不安定的因素；或是祈求守护神赐予力量和好运，使得人类战胜各种困难，避免灾难的发生，获得生产的丰收。

每年特定的时间，在村落头人“卡些”和仪式专家“摩巴”的主持下，整个村落的人都会共同祭拜保护神。在播种之际，及时向厄莎神灵祈福；当秋天谷物成熟时，不忘向厄莎和祖灵祭拜以示感恩；有些地方的拉祜男子出猎，先要向山神和猎神献祭，以期获得更多的猎物。总而言之，拉祜族举行仪式活动，不论是为厄莎还是为各种精灵，其目的都是为了健康、兴盛，为了村落之间及人与神之间的和谐。

在漫长的社会历史进程中，拉祜族的宗教信仰文化也发生着变化。一方面，每个地方的拉祜族由于所处的自然环境和族群关系的不同，而产生了多元的、具有地方性的崇拜形式和祭祀行为；另一方面，传统宗教信仰文化也为佛教和基督教的传入提供了便利的环境。但无论如何变化，创世神厄莎在拉祜族各支系信仰文化中的首要地位是不容置疑的。今天，我们不难发现，在拉祜族社区中，既有传统宗教信仰的支持者，也有佛教、基督教信徒，形成一种多元信仰体系共存的宗教社会形态。

源于《牡帕密帕》的“厄莎”崇拜

“有太阳、月亮照耀的世界，就有厄莎存在”

正如《牡帕密帕》神话中所提到的，厄莎是拉祜族的创世神。厄莎没有具体的形象，但它无处不在。拉祜老人说：“有太阳、月亮照耀的世界，就有厄莎存在。”有关厄莎的神话通过火塘边的讲演与吟唱，代代相传；它是无形的，却时刻令人感受到它的存在，人们生活中遭遇的各种情形都与厄莎相关联。因此，厄莎亦成为拉祜族人表达情感的对象，在他们感到极度喜悦或惊讶、极度愤怒或痛苦时，都会情不自禁地喊出“厄莎——噢!”厄莎又是无所不能的至高神，人们通过各种仪式活动来祭祀它，崇拜它，希望能够获得厄莎的帮助。

拉祜族是典型的山地民族，一方水土养一方人，森林和山地是他们生存的自然空间，也是精神力量的源泉。他们相信周围的事和物负载着各种超自然精灵，这些精灵与山、溪流、太阳、雷电等自然现象联系在一起。精灵可以为善为恶，主要取决于人们的言行是否符合传统的要求，是否对它们适时地供奉祭品。拉祜族人把支配和主宰各种精灵的至高神称为“厄莎”，把那些对人畜不怀好意或者攻击人类的邪恶精灵称为“尼”。这种万物有灵的信仰和氛围感染着每一个进入拉祜村寨的人，使其眼中的山和水充满了灵气和神秘感。

以厄莎崇拜为核心的万物有灵信仰和观念，深深镶嵌于拉祜族的社会生活实践中，它包含了人们对周边自然环境和世界的认识。其中，对自然保持敬畏的心理，对长辈和老人的尊重和关爱，以及家庭和谐的伦理观，都凸显了拉祜文化的核心价值。同时，关于厄莎和精灵的信仰和观念，为拉祜族人提供了一套处理日常人际关系和生活行为的准则。

在传统社会中，面对来自自然环境等各方面的生存压力，以村落为单位的各种崇拜厄莎和地方保护神的祭祀形式和仪式活动，增强了村落作为整体的凝聚力，有助于建立起互惠的社会网络关系，从而为孤立的家庭提供更多的帮助，度过饥荒，解决各种社会危机。

厄莎神没有具体的形象

从神话和仪式中可以看到，厄莎是一个具有双性特征的创世神，是操纵、支配万物命运的至上神，同时也包含着拉祜族关于宇宙秩序、世界存在等意义的表达。

厄莎与其他宗教体系中的至高神的最大区别在于没有具体的形象，因此人们总是依据个人的想象来塑造厄莎的形象。另外，人们还将厄莎和其他保护神如寨神、山神、页阔神（家神）混在一起，有时人们把它想象成是具有人格的神。因此，一些地方的拉祜族认为，厄莎犹如现实中的人类一样，也有配偶，如泰国清迈山地的拉祜族人认为除了存在“厄莎父亲”，还有他的配偶“艾玛”（大地的创造者）。有些地方的拉祜族将厄莎称为“厄雅莎雅”，认为是男女两性混合体。比较特别的是，糯福拉祜西支系的观念里只有“厄莎父亲”，没有相对应的具有女性特征的“厄莎母亲”，他们认为厄莎无处不在，它寓居在家屋祭台的神龛上，还住在寨外的神山之上和神庙之中。

另外，厄莎有各种不同的指称。在神话里，厄莎居住地“北基南基”就是拉祜族祖先居住的地方，也就是

澜沧县糯福乡南段村中心广场上的祭祀活动（图/谭春）

说，拉祜族人心目中的厄莎即是拉祜族的氏族神。在神话传说和现实生活中，拉祜族人普遍将已故的祖灵或在世父母称为厄莎；拉祜族人往往将历代为本民族的和平、自由幸福而血洒沙场或因反抗邪恶势力失败而神秘失踪的民族领袖冠以厄莎的名号；近代以来，佛教、基督教传入拉祜族地区，不论是释迦牟尼还是耶稣都被冠以厄莎之名，拉祜人用厄莎来代替释迦牟尼，用厄莎来解释上帝。由此可见，厄莎的概念具有模糊性和扩散性，依据不同的情境和时代被赋予了不同意义。

保护村落，驱除邪恶的精灵

厄莎崇拜还体现在新年祭祀村落地方保护神的集体仪式之中。新年第一天，村里的年轻人带着糯米粑粑和香烛到村头树林中祭拜厄莎。舍页是供奉厄莎的草屋，有的地方称贺页，意为宫殿，象征神权所在地。人们到了舍页，将带来的粑粑放到供桌上，插上香烛，口中默念祈祷。仪式由村里威望较高的摩巴主持，他带着大家向厄莎祈祷，并制作福线拴给每一个来祭拜的人。这些仪式必须在太阳出来之前完成，人们认为太阳一出来，厄莎的神迹就不灵了。

舍页茅草盖顶，下面由六根木柱撑起来，没有围墙，中间设有木板做成的神桌，是供献祭品的地方。舍页四周用树枝或者荆刺围起来，以防野兽或者放养的牛猪进入破坏。舍页被认为是最圣洁的地方，周边的树丛不能砍伐，否则人畜会遭殃，因此，舍页所在山头都是森林，林木保养得特别好。由于树林里有山神，所以祭拜厄莎的同时也一起祭祀山神，祈求它与厄莎一起保护村寨。

有些村落的舍页建在村寨的上方，舍页前面是一个广场，广场的中央竖着一个有雕刻的木桩，象征着厄莎的权威，过新年"扩"时，全村人在这里聚会，围着木桩跳芦笙舞。舍页的周边插着竹木杆，杆头挂着白色的布

拉祜族人认为旗幡象征着厄莎的力量与纯洁，它将邪恶的精灵逐出村寨，旗幡迎风舞动是在"祈求"赐予村民健康和兴旺（图/苏锟）

条，迎风飘送，拉祜族人认为这些旗幡象征着厄莎的力量与纯洁，它将邪恶的精灵逐出村寨，旗幡迎风舞动是在"祈求"赐予村民健康和兴旺。与厄莎有关的舍页、木桩、布条每年新年初一这天翻修和更换。

拴福线向厄莎讨福

传说很早以前，厄莎种葫芦造人类，同时也把福分送给拉祜族人，希望每个人生活得很好，丰衣足食。但是随着人口增多，人们之间出现吵架、偷盗等不和谐的现象，每个人都变得自私，看到这种现象之后，厄莎很生气，于是从拉祜人手中把福拿了回来，从此拉祜族遭受了各种苦难。

上图：澜沧糯福拉祜族围绕寨桩舞蹈，木桩象征着厄莎的权威（图/姚倬）

右图：虔诚献祭的拉祜人（图/李剑峰）

拉祜族人出于对厄莎的崇拜和对幸福生活的渴望，新的一年到来之际，每个家庭要举行“波登”，即“举行仪式向厄莎讨福”。在仪式过程中，摩巴（仪式专家）向厄莎祈求赐福，希望新的一年里，家庭和睦兴旺，庄稼丰收，每个人健康顺利，并喊出家庭成员的名字，以便让厄莎知道。

在摩巴做祈福仪式时，依据年龄大小原则，从东到西，一家人蹲候在神桌前。最后，摩巴将象征着厄莎的力量和福分的黑白线扭结成的绳子拴在每个人的手上，这绳子大概有绕手腕两圈的长度，被认为具有厄莎的神力和福气，因此也称为“波扎”（福线）。通常男的波扎拴在左手腕上，女的波扎拴在右手腕。

这种仪式一般规模不大，关系比较近的亲戚参加仪式帮忙拴福线，主家不杀牲献祭，只是备一些烟酒招待来帮忙的客人。因此，当你在新年"扩"的时候来到拉祜族村寨，你会发现每个喜庆的拉祜族人，不论男女老少，他们的手腕都带有黑白相间的福线。如果来的是尊贵的客人，主人家会举行简单的祈福仪式，给客人的手拴上福线，表示对客人送上真诚的祝福。日后如果有家人久病不愈，庄稼长势不好或歉收，房屋无故倒塌，养的家畜出现异常行为，比如猪磨牙、小鸡爬到母鸡背上、狗咬到牛角等被认为不正常现象时，只要遇到其中一种情况，人们会认为是缺失了福分，会再次举行"波登"仪式，通过摩巴向厄莎讨回福分。

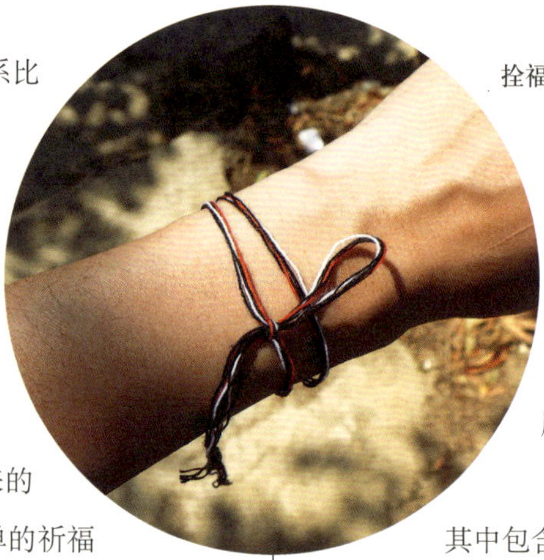

拴福线（图/陈丹正）

宗教仪式专家"摩巴"

摩巴是拉祜族对仪式专家的尊称，他的主要职能是主持各种各样的仪式活动，向厄莎献祭，讨好祖灵，赶走作祟的各种精灵。通过诵辞、念咒、占卜等方式与不同的神灵打交道，是摩巴特有的宗教技能。摩巴在拉祜族社会中扮演着不可或缺的社会角色。

摩巴多数是由年长的男性担任，极少发现有女摩巴。对仪式活动有兴趣的男人，结过婚后，可以跟着摩巴学习唱词、占卜术以及仪式操作的技巧。摩巴在主持仪式中也需要一两个人相助，尤其是举行规模较大的招魂仪式时，仪式过程漫长，花费几个小时，甚至一天一夜。这种情况下，摩巴是很辛苦的，尤其需要助手的帮忙，这恰好为年轻人提供了学习和接受仪式知识的最好机会。

"摩巴，拉祜族自己的医生"，村里的人如此定义他们的仪式专家。摩巴被认为是可以解除病痛的人，他们对病人实施包括诊断（占卜）、对症治疗等一套程序，通过仪式和给病人服用草药达到治疗的目的。

唱词是宗教仪式中重要的内容，其中包含着对宇宙和世界的看法，以及祖先生活和迁徙的历程。对一个无文字传统的民族来说，摩巴是这些历史知识的传承者和解释者。拉祜族的摩巴也不同于其他民族中的"巫师"或"萨满"，他所具有的与神灵沟通的技能，在拉祜族人看来并非有多么神秘不可传人，他只不过是在人们注视下重新将传统的一套技能演绎出来，重要的是要对未知世界和异常现象做出合理解释。

摩巴由来的传说

关于摩巴的由来，流传着各种版本的故事。有的老人认为摩巴最初的来源跟厄莎种葫芦有关，厄莎种养葫芦培育出人类，这个过程就叫"摩"，摩巴的意思就是"生命的养育者"。有的老人认为，传说厄莎用太阳的金色之光造出"摩"，用月亮的银色之光造出了精灵"尼"。起初，"摩"喝人们献祭的动物之血，"尼"吃肉。有一次，"摩"和"尼"摔跤，结果"摩"摔赢了，"摩"吃肉，"尼"喝血，这就是为什么现在祭祀仪式中人们要向精灵"尼"供献鸡血的原因。鸡肉作为祭品，由参与仪式的人共同分享，而摩巴总是分到鸡头和腿肉，能吃到最好的肉。也有地方的老人相信摩巴是"毕摩格摩"的化身，毕摩格摩是厄莎的助手，管理宇宙中的各种精灵，给太阳和月亮治病，所以这也是摩巴主持仪式治病的原因。以上各种传说，都体现出摩巴与"生命""治病"息息相关，并和厄莎以及各种精灵有着密切的联系。

不难看出，摩巴是拉祜族社会中的一群有智慧的长者。通常摩巴有很高的社会威望，这一方面来自于年龄，另一方面源于他有丰富的社会生活的知识和经验，能够帮助年轻人应对各种危机。

基于摩巴拥有的知识和威望，过去，一些摩巴代表所在的群体对外交流，处理涉外事务，因而往往成为一个村落群体的政治领袖。现在，一些地方的拉祜族社会生活中，摩巴的社会角色依然具有不可替代性。人们需要摩巴来“禳灾祛病”，也需要他们来重建本土的历史文化解释体系。有些摩巴喜欢居住在偏僻的地方，但是人们经常邀请他来主持仪式，因而大部分时间还是生活在集体的村落中。而到了节日，不论路途多远，各地的村民都要到摩巴家去拜访和看望，摩巴则在自己家中为各地来的客人拴上福线，送上真诚的祝福。

上图：在家中祭祀厄莎（图/李剑峰）

下图：年桩祭祀（图/李剑峰）

拉祜族的本土信仰与外来宗教

澜沧县糯福基督教堂(图/张锦鹏)

来自《牡帕密帕》的创世神厄莎，既是主宰世间万物的至上神，也可以生活化为祖先、老人和父母。厄莎作为拉祜族特有的创世神，结合了神圣性和世俗性的特点，为日后外来宗教传入与整合留下了空间。

杨德渊和尚传入佛教

明末清初，大量的内地汉人移民迁往云南腹地，将原来的族群挤压到更边远的地方，同时受到地方土司的苛刻统治。生活在澜沧江两岸广大地区的拉祜族过着艰难的生活。

在这个时候，明朝遗老杨德渊(杨和尚)从大理鸡足山来到滇西南临沧、耿马、沧源等地拉祜族、佤族生活的山区传播佛教。佛教的“普度众生”、解脱苦难的教义契合了拉祜族争取生存权和自由幸福生活的期盼。杨和尚利用自己学到的医术，为患病的拉祜人免费治疗，先后救活了很多濒临死亡的患者，这在当地引起了轰动，并把他传神了。人们相信他是厄莎的化身，称他为“厄莎-佛祖帕”。另一方面，在传教过程中，他把佛教信仰和厄莎信仰结合起来，宣称佛祖像厄莎一样，能洞察人世间一切善恶，扶正驱邪，扬善除恶。于是杨和尚得到了拉祜族的拥护和支持，在今天的澜沧县安康乡南栅一带建立佛房“贺页”，广招弟子，成为传教的据点。“贺页”是宫殿的意思，可见当时建盖的佛房规模宏大，它在拉祜族佛教徒中具有非一般的权威性。

杨和尚通过自己培养的佛门骨干，在今天的双江、澜沧两县拉祜族地区各建了五个佛教中心，修建佛堂，讲经传教。澜沧五个佛教中心下面有部落佛房36个，也称“三十六佛地”，有村寨佛房300多个；双江五个佛教中心下面有部落佛房20余个，村寨佛房200余个。杨和尚还利用拉祜族村落的“卡些卡列”（头人组织）制度，由委派到各地的佛爷担任“卡些”（头人），形成了区域性的政教合一政治组织体系。

拉祜族地区的佛教信仰和佛教组织在清末即遭到了毁灭性的破坏，但佛教的部分思想已经融入到了“厄莎”信仰体系中，比如关于生与死的轮回观念、对灵魂的解释都包含着佛教的思想。有些地方的拉祜族在祭拜寨神的同时祭拜厄莎、佛祖，一些家庭设有神桌祭坛，每月初一、十五点香烛，祭拜厄莎（佛祖）和祖先，每年重要的节日亦要举行祭祀仪式。

基督教被一部分拉祜族接受

基督教是在20世纪初（1908）传入拉祜族地区的。这些来自国外的传教士创办医院，免费为拉祜人治病；他们宣称自己是从厄莎那里来的，通过创立拉祜文字，将《圣经》翻译成拉祜文，使得拉祜族比较容易接受和理解。

信教的人不得抽烟喝酒、打架和偷盗，当然这些戒律与拉祜族自身的伦理是相符合的。传教士们将神学教义与本土社会中的伦理观念相调适，以达到教会发展的目的。基督教与本土信仰最大的区别，在于信徒不能信仰除了上帝（厄莎）之外的神灵，生病要请神父做祈祷，不准杀牲祭祀。

通过长时间的学习和受教，基督教和天主教的文化也影响到了拉祜族的日常生活，比如每个星期特定时间做礼拜而不去参加劳动，唱诗班的艺术表演以及信徒的行为礼仪、与人交际方式都明显有别于其他人群。但是，不管信仰什么教，拉祜族都承认自己是厄莎的孩子，信仰的世俗性这个特点依然保持着。一旦信教者患病向上帝祷告和医院治疗无效后，他们也会求助于神灵，进行祭祀活动，祈求消灾免难。

今天，本土信仰、基督教、天主教共存于同一个民族聚居地区，不同信仰者和睦相处，共享和谐、友爱、相互尊重的理念。我们现在看到的拉祜族本土信仰亦是在历史发展进程中，融合了佛教、道教等部分思想的混合产物。厄莎信仰作为本土宗教的核心，最具有民族性和地方性，在民族历史、传统文化心理方面的阐释中仍然处于核心地位。

供奉厄莎的澜沧县南段龙竹棚老寨的佛堂，体现了厄莎崇拜和佛教信仰的结合（图/张锦鹏）

独特的“两性合一”文化

“世间万物成双对，形单影只不存在”

拉祜人在祭祀至上神厄莎时，供桌上的蜂蜡、糯米粑粑、装着水的碗都是成对的。传统仪式中的蜂蜡制作工序是，趁蜡还软时将其做成一个细条，然后迅速把蜡条对折，再把接近折叠处的两部分捏拢，而贯穿烛条的烛芯则在两端露出，使得一支蜡烛拥有不可分割的两部分。举行仪式时，两个烛芯都被点燃，这“二位一体”的蜡烛便有两朵烛焰，如果两头特别靠近，就会使两朵烛焰合为一朵。

蜂蜡的制作和形态活灵活现地展示出拉祜传统文化中的“双”——两个部分合二为一，它们非但无法分割，而且难以分辨，要想弄清这蜡烛到底是一支还是两支，只能是徒劳无功的。蜂蜡的这一生动形象与象征，也许能让人们更直观地了解深植于拉祜族神话体系和社会生活中的“两性合一”文化。

以两性合一为主题的拉祜口头文学世代相传，丰富多彩，将起源神话、迁徙传说与现世仪式、习俗信仰巧

祭祀厄莎时成双成对的供品和法器（图/谭春）

妙地编织在一起，堪称拉祜族的文化精华。直至20世纪80年代晚期，大多数澜沧拉祜村寨的传统对唱仍是仪式、求偶和娱乐等活动的核心，这种口头文学蕴藏着令人惊心动魄的感染力。

拉祜族有不少类似“筷子成双”的谚语，它们都喻示着这样一种理念：男女必须结为连理，之后便形影不离，共尽天经地义的夫妻本分，在怀孕、分娩、抚养、家务、生计劳动、领导权等诸方面同心协力，承担珠联璧合的角色。筷子喻示的男女成双原则在拉祜神话中比比皆是，在社会制度和生活实践中也无处不在。

创世神话是“两性合一”文化的源泉

拉祜神话博大精深，主要以诗歌对唱的形式存在，在澜沧拉祜族自治县保留得最为完整，对塑造拉祜族社会的主流世界观和社会性别理念起到了重要作用。在拉祜族的起源神话中，两性合一的特点贯穿始终，从而也深深地影响着拉祜人的社会观念和日常生活。

在创世神话《牡帕密帕》中，拉祜至上神厄莎、厄莎的长女长子以及最早的人类夫妇扎迪娜迪都是生而为一对，行止如一人，犹如形影不离的龙凤双胞胎，可谓两性合一理想的缩影。

拉祜族平常说话时只用厄莎这一个名字来称呼这一对神，但诗歌版的起源神话却往往把他俩分开来，称作“厄雅”(Xeul yad)和“莎雅”(Sha yad)。虽然这两个名字本身并不指明性别，大多数老人却认为，厄雅是男，莎雅为女。澜沧流行的许多版本的起源神话的诗句都说明，厄雅和莎雅同时出现于宇宙存在之前的虚空。厄雅和莎雅在整个创世造人过程中行止如一体，难分彼此，并且显现出同样的能力、理性、情感和品行。拉祜诗歌中常用的很多说法，都表明厄雅和莎雅智力相当，例如“厄雅聪明绝顶，莎雅智慧无比”，“厄雅思前想后，莎雅深思熟虑”。此外，他们对各种境遇的情感反应

拉祜村寨的男女首领制

拉祜族传统观念认为，村寨领导职位是合二为一的，理应由夫妻共同担任，正如俗话所说，“卡些是一对”，“单身不能当卡些”。在这里，“卡些”指的是村寨头人。性别并非选择村寨头人的标准，这一传统观念也清晰地反映在另一则谚语中：“男女分卡些，卡些不分男女。”这则谚语的意思就是：男女分担卡些这个职位，但卡些这个职位本身却是二元合一，不分男女的。有些老人告诉我，在20世纪50年代以前，如果村寨头人不是夫妇，那是件很不吉利的事，因为这意味着人丁着实凋敝，且已无可救药。

在20世纪90年代，很多老人仍然认为男女合二为一共同领导村寨才符合拉祜的“理”。改革开放以后，一度销声匿迹的夫妻首领制又在澜沧县的几个村落恢复，而且能够保持有效而稳定的运作。

也一模一样，如长女和长子死后，“厄雅哭了三天，莎雅泣了三夜……他们的泪水汇成一个大湖”；而当听到蜜蜂报信说扎迪娜迪生出了十二对儿女的时候，“厄雅欢欣，莎雅喜悦”。

与拉祜神话中的其他部分相呼应，最初的人类也被表现为理想的二位一体，即从同一个葫芦里同时走出的一对男女扎迪娜迪（意为独男独女）。与永生的至上神和本可不死的半神半人不同，这第一对人类是一种必死的生灵，因此他们必须承担怀孕分娩等方面的性别角色分工，以使人类得以繁衍。然而，拉祜起源神话对这种性别差异轻描淡写，否认它有天经地义的本质性差异。厄莎创造第一对人类的物质相同，时间相同，目的也相同，即让其供奉父母神。

不过，厄莎创造他俩时，并没有明确地给他们分配角色，所以拉祜神话对人类生殖中性别差异起源的解释也就充满了巧合、试验和磋商。虽然有些版本并未解释为什么是独女怀孕分娩，却也没有发现哪个版本说是厄莎专门把怀孕分娩角色分配给了独女一人的。

鲜明的二元合一世界观

拉祜族婚礼是"两性合一"文化的集中体现之一(图/谭春)

"两性合一"的观念推而广之，是拉祜族独特的二元合一世界观。二元合一世界观赋予拉祜社会文化的秩序远远超出神话的范围，"世间万物成双对，形单影只不存在"这一流行于婚礼、口头文学和日常对话中的常用谚语，就充分体现了双双对对的无所不在。

成双结对的理念贯穿于拉祜族生活的各个领域，在拉祜族的仪式和节庆中随处可见。按照不同地区不同支系许多拉祜村寨的惯例，完整的婚礼是个二位一体的过程，一部分在新娘父母家举行，另一部分在新郎父母家举行，两边举行的仪式大体相似。

过拉祜年由一个女性时段和一个男性时段组成，也是男女二合一的过程。不同地区、不同支系的拉祜族都有此习俗。一个典型的拉祜年包括"女人年"和"男人年"，"女人年"(亦称"大年")在"男人年"(亦称

供桌上成双成对的供品(图/谭春)

“小年”)之前，而且往往比“男人年”要多几天。有些民间故事把男人年的由来归结为一个历史事件：男人们外出打猎，回家迟了，误了过年，所以女人们就为他们补过了一个小年。有的学者发现，与拉祜族语言文化很接近的傈僳族也有确保过年天数成双的习俗。

与其配对成双的组合传统相呼应，节庆仪式的供品和礼物也与二位一体相符合。如前述蜂蜡被做成一对对分不开的实体，其中有两个成分但难以分辨，其他主要供品如糯米粑粑、散的或成束的香、水碗、甘蔗等，也必须成双配对。有趣的是，许多村民都很肯定地说，这些成对的礼物和供品代表着一对对男女，尽管它们的形状和尺寸往往相差无几。

拉祜语言也表现出万物配对成双的倾向，词、短语和诗句往往呈现成双成对式结构。拉祜语言里的“对子”大多是二元合一的，其中的两个成分或一模一样，或大同小异。在口语或诗歌语境中，拉祜语配对常把两个完全相同的词，或一对有细微差别的同义词组合在一起。其实，每对中的一个词就足以表达短语或句子的语义，因此这样的表达方式在门外汉看来有些重复冗长，这在成百上千行诗句对某一神话主题进行描述时尤为突出。然而，对精通或有能力鉴赏其口头文学的拉祜族来说，这种对仗结构使短语和句子在丰富美妙的语境中达到“圆满”，令人陶醉痴迷。

“两性合一”文化造就了拉祜族较为平等的男女地位（图/谭春）

有趣的是，许多版本都声称独男独女的生殖能力原本相同，并对生育角色后来为何变成由女人独担进行了解释。有些版本说：最初是独男怀孕，他把胎儿怀在小腿肚里，有一次他正走着路，胎儿流了出来，幸好独女用其前襟接住了胎儿，胎儿随即钻进她腹中，直到出生。另一个近似的版本更明确地说，独女出于同情和明智，无私地接过了独男的生育重担。

跟怀孕和分娩一样，哺乳和抚养孩子在拉祜神话中也没有被描绘成专门分给独女的天职。独女并没有展示出她有做母亲的“自然本能”，相反，因为不知道怎样养孩子，她撇下了许多对新生儿。厄莎救了这些婴儿，让各种动物给他们喂奶，然后尽心尽力地抚育他们。这些孩子后来就成了各种族群的祖先。

拉祜神话所蕴涵的宇宙秩序是以两性合一为基础的，它生动地表现在至上神、半神半人和第一对人类夫妇所具有的同质同源性，犹如密不可分的龙凤孪生关系。每一对男女之间的联结是如此紧密，乃至他们的性别差异也变得模糊不清。

男女同做主，夫妻共掌权

拉祜族两性合一的传统观念在生命周期中的体现，就是在其婚后有生之年和善终之后的各个阶段，每对夫妇都被定义为二合一的社会实体。具体而言，夫妻的一体化在婚礼中形成，婚礼成为儿童与成人的分水岭。此后，夫妻应在人生旅途中携手同行，分担责任，共享声望与权威。

拉祜族的本土理念不仅要求夫妻齐心协力，一起养家育儿，还提倡夫妻同心同德、联合掌管家户和村寨。据老人们所说，因为厄莎成双又结对，掌管天地与万物，所以，拉祜族的“理”(awl lid，传统或规矩)认为，除非男

男女共同劳动是“两性合一”文化的社会体现(图/谭春)

男女家长带领家人共同参与祭祀仪式(图/苏锟)

女主人齐心又协力，否则无法管好家户和村寨。

在澜沧拉祜村寨中，家户是经济、社会和宗教生活的基本单位。一般说来，家户成员是拉祜族亲属范畴“一家人”中的核心成员，他们之间的关系极为亲密。按照惯例，一个家户以一对夫妇为首，他们被合称为yiel shief phad，意为“户主”或“家长”。但“家长夫妇”“夫妻户主”或“双家长”，却能更为完整地表达该词的文化内涵。若有必要进一步区分，双家长中的男性被称为“男家长”，女性被称为“女家长”。在拉祜村寨生活中，大多数夫妻双家长可谓名副其实，因为他们一般都能齐心协力，共同持家。

在拉祜村寨中，典型的家户称谓方式是夫妻联名，充分表现出双家长所共同享有的所有权和权威。平日里，村民常常把夫妻户主的名字连在一起，并以此来称呼相应的家户。例如，某个家户的双家长是扎列(男)和娜厄(女)夫妇，寨里人便称其为“扎列娜厄家”。笔者在做田野调查时发现，外来者到村里找人时，若用该人所在家户的双家长联名来询问，往往会迅速而准确地得到答案，多数村民马上就能告知这家人住在哪儿。值得一提的是，家户名称会随着双家长的更替而发生改变。一般说来，在长辈夫妇卸任双家长职位后，新任家长夫妇的联名会渐渐成为该家户的名称。如果双家长有一方去世，该家户会一直沿用老家长夫妇的联名，直到新的夫妻户主上任为止。在这种情况下，新家长的产生方式可能是在世者再婚，也可能是某一孩子及其配偶继承了家户。

总之，作为“男女户主”，家长夫妇在象征意义和社会意义上都融入二合一的实体，共同享有其家户的所有权和权威，共同分担责任和义务。尽管不同地区的拉祜族存在着习俗差异，而历史变迁又对传统拉祜村寨的结构有所破坏，但是，在21世纪到来之际，大多数双家长之间仍在很大程度上保持着协调一致，正所谓“同声同气，共进共退”。

撰稿专家

张劲夫，拉祜族，人类学博士，云南民族大学讲师，在站博士后，云南省民族学会拉祜族研究委员会副秘书长，主要从事中缅边境族群历史与文化、拉祜族语言文字研究。发表有《牛肉与权力：清末至民国独龙人的社会交换》《拉祜族的传统文化与教育：以博村拉祜族为例》等多篇论文。

杜杉杉，人类学博士，美国图兰大学人类学系教授。主要研究方向为拉祜族文化。主要著作有《社会性别的平等模式——“筷子成双”与拉祜族的两性合一》等。曾获美国民族学学会颁发的“埃尔希·克鲁斯·帕森斯奖”等奖项。

《社会性别的平等模式——“筷子成双”与拉祜族的两性合一》

扫描二维码，阅读专家代表著作的电子版

每到年节，向政府拜年已经成为拉祜人的传统，而政府广场上巨大的葫芦造型也折射出拉祜人对葫芦的深深喜爱（图/谭春）

第4章

葫芦是拉祜人的根

葫芦文化

本章主撰稿人：昆明学院讲师　熊开万　　云南大学教授　张锦鹏

当你第一次进入拉祜族聚居地区，你一定会被公路两旁的民居墙面上各式各样的葫芦形象所吸引。这些装饰在屋墙顶部的葫芦形象，有的只是简单地画在墙面上，有的是镂空式，有的是半浮雕式，还有葫芦形状的小雕塑。葫芦的颜色也很丰富，白色、蓝色、黄色、绿色……不一而足，装点着拉祜人的美丽家园。拉祜人为何对小小的葫芦情有独钟？其中蕴含着古老的故事和传说……

葫芦是常见的草本植物，也是人类早期日常生活中非常重要的食物与器材，与我国境内各民族的生活息息相关。植物考古学家游修龄先生曾撰写《葫芦的家世》一文，列举葫芦的多种用途，并指出："如与各国比较，全面利用葫芦莫如我国者，可谓举世无二。"

拉祜人的日常生活也离不开葫芦。葫芦可以成为上好的食材和药物，也可以制成各种实用的生活工具和美观的工艺品，更是制作芦笙的必不可少的材料，因此深得拉祜人的喜爱。

在拉祜族文化中，葫芦早已不仅仅是一种植物，而是一种特有的文化符号，成为本民族文化的一个独特象征。正如拉祜人在民歌里所唱的那样："没有成熟的葫芦，就没有拉祜人的笙歌。"

葫芦既是与拉祜人日常生活密不可分的器物，也是拉祜族生存繁衍的精神母体，更是拉祜族美好家园和幸福生活的象征，昭示着拉祜族向太阳奔去的精神和吉祥幸福的美好心愿。

从葫芦里走来的拉祜族

没有哪个民族的葫芦神话像拉祜族那样丰富细腻

拉祜族普遍认为，自己是从葫芦里出来的民族。从葫芦里出来，向着太阳奔去，是拉祜族人对本族源流的普遍认识。在创世神话中，葫芦是孕育了拉祜人的祖先扎迪娜迪的母体。葫芦生人的神话是拉祜族人在生活中表达意义的一种方式，它虽然在叙事中显现出很多想象、虚构、荒诞甚至神秘的特性，却也是民众纷繁琐碎的日常生活的某种规则。在拉祜族文化中，葫芦生人的神话展现了人与世界互动的方式及其结构，因此是至今仍然活在拉祜族日常生活中的文化元素。

中国南方的许多民族都将葫芦作为本民族繁衍的母体，然而，比较拉祜族与南方各族的葫芦神话后可以发现，没有一个神话如拉祜族在《牡帕密帕》中讲述的葫芦神话那般丰富细腻，幽深缠绵。

葫芦生人神话是母体崇拜的缩影

拉祜族各支系都认为，人是从葫芦中来的。古歌《科根哈根》里说："祖先从葫芦里出来，都是葫芦的儿女。"拉祜族创世史诗《牡帕密帕》更是讲述了一段非常浪漫的故事，叙述了厄莎种葫芦孕育人类、葫芦成熟后滚下山坡、厄莎寻找葫芦、让葫芦里的人类出来的完整过程。

分析拉祜族葫芦生人神话的实质，我们不难发现它的初始含义并不等于图腾崇拜，也不同于万物有灵的自然崇拜，它应该是拉祜族早期社会母体崇拜的缩影。葫芦因其腹部膨大，被先民联想为母体；其腹中籽种密集，正好象征着种族繁衍强盛的生命力；具有旺盛生育能力的母体丰乳肥臀的形象正与葫芦的形象相似，同时也是世界各地早期原始艺术共同的主题。在这个意义上，对葫芦的崇拜实质上是对母体孕育出新生命的神秘感和崇敬之情的反映。母体崇拜是葫芦之形与母体之形合为一体的体现，这在人类社会早期是非常普遍的。比较意大利格利玛狄母神、沙威格诺母神，法国莱斯皮克母神，奥地利维林多夫母神以及我国辽宁东山嘴发掘出的母神像，可以发现其体型都是葫芦形的。

从葫芦里走来的拉祜人（图/姚倬）

“厄莎找葫芦”蕴含拉祜族的植物学文化

在《牡帕密帕》的“播种葫芦”一节中，史诗用了很长的篇幅，叙述孕育人类的葫芦从树上滚落下来后不见踪影，厄莎四处寻找，一路问所见到的植物动物。当这些植物动物如实告诉它们所见到的情形，厄莎就给它们好的祝福；但是有些动植物却撒谎不说真话，厄莎就给它们不好的安排。品评这些生物的命运不难发现，凡是关心人类命运，对人真诚的生物，厄莎都在宇宙秩序中给它安排了一个较好的位置，如松树用来做明子，橄榄树可以多结子，百花木可以开花又结子。凡是撒谎、对人类漠视的物种，厄莎都给了它们一种不好的境遇，如猫头鹰的头被打扁，并且只能在夜间行动；青菜萝卜要每顿给人类拿来煮，饱受煎熬之苦。

厄莎给世界规定秩序，并非是一种恣意的行为，而是在自然界的各种生物之间确立一种互为依赖的密切关系。厄莎还告诉人类，这身边的一切，或利或弊，或胎生、或卵生、或化生，都曾为人类的诞生贡献过力量，人类应该像尊重地母般尊重它们，如守望家人般守望它们。

小米雀和老鼠的命运便是如此。人类在葫芦里面无法出来，是靠小米雀和老鼠用嘴共同将葫芦啄开的。因小米雀和老鼠对人类有功，厄莎给它们的祝福是每年谷子成熟时，允许米雀和老鼠来吃。而凶猛的豹子因为帮助了扎迪娜迪，厄莎也赐福于它，允许它到村寨里叼小猪吃。

厄莎找葫芦的故事对于理解拉祜族文化非常重要。首先，它是拉祜族先民向子孙传递民族知识与经验的载体。作为一个游猎的民族，采集经济始终在拉祜族的日常生活中发挥着重要作用，知道动植物的性能和用途是族民最基本的知识。厄莎寻找葫芦的过程首先是一个厄莎给各种植物定性的过程，如白菜是可以吃的，桃李花是可以用来做年花的，茅草是可以用来盖房子的，松树是可以作为梁木的。其中关于植物性能及其分类的知识，说它是拉祜族的自然科学的基础也不为过。

厄莎找葫芦在拉祜族的文化体系中还有更深层次的意义。如果将厄莎寻找葫芦的过程看作厄莎给各种植物定性的过程，而这个过程在人类出现之前，葫芦成熟之后，这似乎是说，世界的规则因一件大事而产生，那便是有了人类。在这个意义上，找葫芦这一过程便很有人为万物立法的味道。另外，如果我们详细地分析这一拉祜族与世界建立关系的过程，冬瓜树因为欺骗厄莎说没有见着滚下山的葫芦，厄莎惩罚它“将来砍来做房梁”，黑栗树对厄莎说了实话，厄莎奖励它“将来砍来做犁架”，这个奖惩几乎没有差别，都是围绕着物的性能和用途而订立的。由此可见，拉祜族先人们努力构建起的这个植物体系，本质上是要达到物尽其用的效果。这也是拉祜族万物有灵及敬物惜物之心的体现。

雕塑：老鼠啄开葫芦
(图/谭春)

葫芦是母体崇拜的缩影(图/苏锟)

拉祜人用竹筒装酿制的蜂蜜。拉祜族先人们努力构建起的一个植物体系，本质上是要达到物尽其用的效果（图/陈丹正）

这样，葫芦神话好似祖先流传给儿孙们充满智慧的宝库，在反复不断的重复中传达着人与自然和谐共生的价值、人类诞生之初的生存智慧以及整个宇宙秩序的观念。这个过程能让人想见先人们“筚路蓝缕，以启山林”的情景，也能让人想见先人们欲将整个智慧传承给子孙的心境。

兄妹成婚，成为人类的始祖

留下一对善良的兄妹，或者创造一对善良的兄妹作为人类的始祖，是一切葫芦神话的共同母题，这个母题预定了人性向善的本质，同时也预定了人际关系的基本原则。更重要的是，这为人类的历史叙事打下了第一块基石。从此以后，在谈到一些亘古不变的道理时，汉族说“自从盘古开天地”，而拉祜族则说“说千来了说万来，打开葫芦人类来”。从葫芦里出来，人们就善良着，从葫芦出来，人们就相互依赖，从葫芦里出来，人们就温情脉脉……这不正是拉祜族民族性的本源吗？

比起厄莎第一次创造出的半神半人的扎努扎别，谦卑和顺从是从葫芦里走出来的第一对人类——扎迪娜迪身上最重要的美德，也是支撑其生命之善的根本。这种品质是现世的、也是日常的。他们种棉花织布，认真耕作自己的福田，悉心领会厄莎的神恩并遵从厄莎的教诲。这种善良的品质集中地体现为拉祜族民族性格中非常强烈的“苦吃”精神，就是无论生产生活的条件如何艰苦，拉祜人总能够通过辛勤劳动获得衣食之乐。用拉祜人自己的话说，就是我们拉祜人是从葫芦里出来之时就知道“苦吃”的民族。“苦”意味着拉祜族历史上艰难的生产生活环境，在苦难中领会生活的意义与价值，简单地说就是“消解苦难就是幸福”。

厄莎想要扎迪娜迪结为夫妻，生儿育女。但是扎迪娜迪不同意，因为他们是同一葫芦里面出来的兄妹。为了让兄妹俩互相迷恋，厄莎用了“相思药水”，于是扎迪想念起娜迪，娜迪想念起扎迪，最终两兄妹重新相伴在一起。这并不是对近亲婚姻的肯定，而是对二人婚姻大事的祝福，这是一种受命于天命的婚姻情结。我们不妨将这一过程理解为少数民族的婚姻仪礼，而这种仪礼是天神希望在人世生活的人们心灵更加美好善良的一种体现。

扎迪娜迪雕塑（图/陈丹正）

我国南方各民族的葫芦神话

文化人类学家列维–斯特劳斯认为，神话结构是无意识的产物，神话故事是有意识的创造物。葫芦崇拜是中华民族普遍的文化意识，从闻一多先生考证“三皇”之首的伏羲含义是葫芦，到各民族的葫芦神话，不难发现葫芦神话有着共同的结构，即所有葫芦神话都包括洪水灾难、葫芦生（救）人、兄妹通婚，这种共同的结构反映了中华民族多元一体，有着共同的文化心理。

部分南方少数民族的葫芦神话

民族	神话名称	流传地域	主要内容
壮族	卜伯斗雷王	广西	洪水滔天，伏依兄妹躲在葫芦中幸免，结婚生子，得一怪胎，如磨刀石，磨刀石被砍开扔到四方，始有人烟
瑶族	伏羲兄妹传人种	广西、云南	雷王拔牙救伏羲兄妹，长出一个葫芦有谷仓大，后来洪水滔天，兄妹避于其中得免灾。后兄妹结婚，繁衍出汉、瑶各族
黎族	五指山上巨葫芦	海南	五指山上长出巨葫芦，洪水来临，大神命穿山甲咬开葫芦，将兄妹二人、牲畜及各种动物装入葫芦。洪水后，兄妹结婚，繁衍人类
水族	人从葫芦出	贵州	神给伏羲兄妹一颗牙齿，兄妹种在地里，结得大葫芦。洪水滔天，兄妹携五谷藏于其中得免，两相婚媾，繁衍人类
布依族	避水葫芦	贵州	洪水滔天，圣母设计救兄妹，使其免遭灭顶之灾。兄妹婚媾，生下一皮袋，剪开皮袋，得十峒男，九峒女
哈尼族	彝、汉、哈、拉本同源	云南	大洪水后，有一大葫芦停在山顶，经过风吹日晒而开裂。有兄妹从中出，互相婚媾生子，老大老实为哈尼族，老二伶俐为彝族，老三聪明为汉族，老四精干为拉祜族
德昂族	卜帕法砍葫芦救人种	云南	洪水泛滥之初，人男女同体，卜帕法将人和动物放进葫芦中，封住葫芦口，任葫芦漂流。洪水后，卜帕法用刀砍开葫芦，于是砍开了男人和女人，砍掉了螃蟹的头，砍掉了马的角……男女要相互婚媾，才能使人类繁衍

拉祜人的日常生活离不开葫芦

葫芦是拉祜人最亲密的陪伴

作为食材和药物的葫芦

葫芦是拉祜人特别喜爱的植物（图/谭春）

拉祜人将葫芦作为食物和药物的时间几乎和拉祜族文化史一样漫长。从某种程度上说，拉祜族自葫芦里出来的神话本身就隐喻了这个民族对自身纯洁与卫生的联想，这意味着拉祜族的先民已经注意到葫芦带来的益处。母亲们用瓜瓢来调适自己的身体，使之保持舒适的感觉；用葫芦调制食物，以刺激子女们的食欲；用其汁水滴在身体某个发热的部位以降低该部位的体温：这些日用活动因循了先民对这一普罗植物的使用轨迹。

拉祜族的先民可能早已发现，葫芦幼嫩的果实和叶子是上好的食材。葫芦曾经是少数几种在拉祜山种植的蔬菜，一直到近代，方国瑜先生在拉祜山考察，仍然发现这些地方的拉祜族除葫芦外，绝少种植蔬菜。将幼嫩的葫芦叶与玉米汁一起煮玉米糊，是拉祜族民众很喜欢的食品。另外，幼嫩的甜葫芦也可以做成很多有民族特色的菜，如将葫芦切丝，煮在花生汤中，葫芦的清香与花生浓郁的香气相得益彰。以葫芦炖排骨，味道香酥可口。拉祜族也将葫芦炒着吃。此外，拉祜人还将葫芦晒成葫芦干，或者加入蜂蜜做成蜜饯。

在长期烹食中，拉祜人也渐渐发现葫芦味甘性平，有利尿的功效，可以用来治疗水肿、鼓胀等症状。拉祜族民间至今流传着很多葫芦的妙用药方。如镇沅县的拉祜族王医生告诉我们，用瘦猪肉100克和葫芦共煮，略加食盐、味精佐餐，可治疗大便秘结、干燥，小便不利等症。另外也有人发现了干葫芦的利尿等功效，澜沧县张扎戈老人经过多年疾病治疗实践，发现将嫩葫芦片和薏苡仁熬粥喝下，可以清热利尿，解毒，健脾祛湿，对于治疗尿路感染、小便短黄有较好的作用。另外，陈葫芦还有减肥消脂的功效。双江县铁医生告诉我们：用陈葫芦15克，茶叶3克，共研成末，开水冲泡饮用，可使血脂降低。

在拉祜族的观念里，药食一家的观念仍然很普遍。他们亲近自然，也热衷于了解自然赐予的各种事物的奥秘，从葫芦作为一种食材和作为一种药材的使用中，我们依然能够看到他们与自然保持着亲密的联系。

葫芦制成的器物是拉祜人的最爱

葫芦在拉祜族的日常生活中运用广泛，深受拉祜族民众喜爱。干葫芦可以用于盛物，拉祜族用干葫芦盛放种子，认为能够带来丰收。他们把葫芦锯开做瓢，认为葫芦瓢中的水有拉祜人喜欢的回甘之味；做碗，认为拉祜山膏泽滋润而成的鲜亮米饭因盛在葫芦碗中而更加清香；用葫芦装酒，认为酒在其中密封不走味，又得葫芦清香之气，融天地精华于一壶。小葫芦常被澜沧江沿岸的拉祜族作为渔网的浮子，摇动干葫芦发出咯咯的声音是拉祜族在作物成熟时驱逐鸟兽的一种办法。在这方面，这个古老的民族似乎最懂得祖先的简素之道，这些轻便实用的生活工具在拉祜人的手里不断更替。即便当下各种廉价精致的打制器材早已传入拉祜山乡，但民众依旧对葫芦器物抱着恋物惜物的特殊感情。

葫芦在拉祜族日常生活中，极具审美的意味。葫芦有特殊的形状、美妙的色泽，可以制成观赏价值极高的工艺品。生活在老挝的拉祜阿普不伪（Lahu Apubele，意为弯曲的葫芦），据说因为他们喜欢在脖子上戴上一串小葫芦而得名。泰国清迈民族造型市场拉祜族经营的摊位里，也常常见到这样品类。曾有拉祜族老人说起，当年与清朝军队的战斗中，拉祜族还曾在葫芦里填上硫磺火硝，制成一种可以投爆的火器，用来反抗他们对拉祜人的镇压。

拉祜人以葫芦做葫芦笙，葫芦笙成了拉祜人的生

用葫芦盛水为远道而来的客人洗手是拉祜人的风俗（图/李平）

用葫芦盛酒
（图/李剑峰）

命。云南山区和东南亚的山地民族，如彝族、傈僳族、哈尼族、佤族、苗族都善于演奏芦笙，但是，把芦笙视为生命的，却只有拉祜族。在拉祜族聚居的山寨，只要是男人，就会吹芦笙，拉祜族的古歌《年歌》中说："金竹葫芦做芦笙，吹出拉祜人的心声。"镇沅苦聪人的山歌里也唱道："吹起芦笙唱起歌，这边唱来那边和，三天不想茶和饭，跺起黄灰做得药。"在传统社会，拉祜人认为不能吹芦笙与唱歌，在社会上就枯寂寡欢，即缺乏恋爱求偶的可能性。

总之，对拉祜族而言，葫芦意味着无尽的可能性。具有无限可能性的东西无疑是有灵性的，这或许也是这个民族如此喜欢并珍视葫芦的原因吧。

葫芦笙曾经救过拉祜人被掳的妻儿

在古代社会，拉祜族时常受到其他民族的压迫，多次被其他民族赶出自己的领地。根据澜沧县东回班利拉祜族的说法，在诺所诺罗（大湖）时期，拉祜族居住的地方好，汉人早就想攻打拉祜族，但因为拉祜族势力强大，又有强弩硬弓，所以汉人一直不敢来打。后来，汉人乘拉祜族男子在外劳作时，跑到拉祜族村寨，吹起响篾。优美的音调很快吸引了拉祜族妇女的注意。她们想把响篾买下来，但是汉人说响篾需要用拉祜族弩弓上的扳机来换，结果拉祜族的妇女纷纷用自家的扳机换取了响篾。

周边民族的攻击终于发起，拉祜族没有了弩机，虽然积极抵抗，但战斗最终失败，大多数妇女儿童被掳，部分人逃离到诺所诺罗。幸于免难的拉祜人心里充满了伤悲，苦苦思索营救家人的计策，但三年都没有能营救出来。有一天，拉祜族头人扎依在竹林中砍竹子做弓弩。突然起了风，竹林里响起了低回转折的音符。扎依循声追寻，原来是啄木鸟在其中一棵竹子上凿通了几个小洞，风吹入小孔，便形成了好听的声音。

扎依于是灵机一动，发明了一种乐器。这种乐器先是用竹子做承接，但人们很快发现沉重而不美观，于是改为用葫芦。拉祜人称之为“Nawf”，意思是“唤醒”。

拉祜人每天拿着芦笙围着汉人的城墙吹。汉人中大多都是远方随军迁徙的人，听了拉祜人的葫芦笙曲调，想起留在远方家中的父母妻子，一时充满了离愁别绪。想到这些被他们掳来的拉祜族人和他们破碎的家庭，汉人便悄悄地将他们放了。

所以拉祜族的老人都说，葫芦笙这样东西之所以世代相传，是因为它曾经救过拉祜人被掳的妻儿。

拉祜老人都说，葫芦笙之所以世代相传，是因为它曾经救过拉祜人被掳的妻儿（图/谭春）

共根意识：拉祜族葫芦文化的核心

全世界的拉祜人都认葫芦这个“根”

从简易朴素的日常生活用具到一个民族的诞生神话，最终定格于世界各地拉祜族的文化认同，这是拉祜族葫芦文化从行为传承到精神传承的过程。

拉祜族发展、迁徙与斗争的历史，已经形成了今天他们跨境而居、与不同民族杂处的事实。进入21世纪，社会的开放性使得越来越多的拉祜族族民有机会分享改革开放的成果，也使得他们有更多的机会接触外面的世界。与之相应的，散居世界各国的拉祜族也因寻根、经济交流、宗教活动等因素频繁接触。厄莎、葫芦、芦笙舞等文化符号成为拉祜族民族身份认同的基本元素，葫芦节也因其唤起了全世界拉祜族的寻根之思而得到全民族的承认，更因其开放性而成为各族人民热心参与的活动。

拉祜族的葫芦文化已不仅是当代拉祜族追求民族繁衍与生存的热切表现，同时也成为跨境而居的拉祜族牵起手来，共同追求幸福的一个关键要素。从厄莎种葫芦，创造人类始祖，然后经过不断的迁徙，不断重建家园又不断组合，兄妹分手，民族分化，最后到兄妹重逢，在一系列的神话传说中，与家园的失去同时出现的，是拉祜族社会秩序的不断建构，也是拉祜族在新的环境中的不断调适。葫芦是拉祜族人种的源头，也是其灵魂的故土。故土的意义就在于，它始终给经历战乱、贫

澜沧县城的葫芦广场，从高处俯瞰呈葫芦的形状，已经成为拉祜人举办各类重大活动的中心场地（图/陈丹正）

拉祜人的房屋上普遍都装饰葫芦图案，葫芦是拉祜人共同的根（图/陈丹正）

困与疾病的拉祜族以希望，并且这种希望可以在对故土的思念及一系列的仪式中找回来。世界各地的拉祜人正如散落在各地的种子，因为深知自己故土所在、母文化所在，即便散居海外，也不是无家可归的孤儿。一直到今天，拉祜族老人还对后辈说：“葫芦是人祖产生的地方，拉祜族在历史长河里聚散流离，但因为我们念着这个拉祜根，最终没有失散，也没有迷失成无家可归的孩子。”

共根意识是从拉祜族葫芦生人的神话中衍生出来的民族意识，葫芦是孕育了人祖扎迪娜迪的母体，扎迪娜迪结婚后，繁衍了人类，后来扎迪娜迪的子孙们打猎分民族，于是有不同的民族产生。在这个意义上，葫芦这个母体不仅对分散在世界各地的拉祜族而言具有“同源共根”的意义，对于周边生活着的景颇、佤、哈尼、汉、傣、傈僳等各民族也具有同源共根的意义。共根意识是拉祜族葫芦文化最鲜明的特色，也是拉祜族葫芦节、芦笙舞中一再被强调的主题。葫芦节最终获得政治上的确认并获得世界各地拉祜族不断认可的原因，也是葫芦这一文化符号所唤起的共根意识。从葫芦里出来，向着太阳奔去，在这个意义上，葫芦文化成为了号召全世界各地拉祜族同心同德、自愿接受族群集体意志的约束和导引的旗帜，而葫芦节则使得这一精神从意识上的承认走向行为上的接受。

拉祜族最隆重的节日——葫芦节

葫芦节是拉祜族最为隆重的民族节日，拉祜语称“阿朋阿龙尼”。1992年，澜沧拉祜族自治县第九届人大常委会决定将每年农历十月十五至十七定为“葫芦节”，举行三天庆祝活动。2006年，澜沧县政府经过广泛征求意见，将“葫芦节”的时间调整为每年公历的4月8日—10日，以体现春天里葫芦萌芽、万物欣欣向荣、兴旺发达的时代精神和美好愿望。

时至今日，葫芦节已不仅是拉祜族狂欢的节日，也成为拉祜族和周边各族与远方的客人深度交流的文化平台。这一天，会有很多人到澜沧县的葫芦广场过葫芦节，同时，各村寨也要在寨神柱前吹起葫芦笙，跳起芦笙舞，呼唤天神厄莎庇护拉祜人的栖息之所。他们以娱神又娱人的方式重温先人的智慧，缅怀先人的开创精神。

右图：葫芦节盛况（图/谭春）

下图：澜沧县酒井乡拉祜族群众欢度葫芦节（图/谭春）

拉祜族情歌

追蜂子

追蜂子，
追到南，追到北，
追到东，追到西，
追着蜂子找到蜜，
追着蜂子把蜡积，
蜂蜡灯下结侣伴，
阿哥阿妹甜如蜜。

追蜂子，
追到南，追到北，
追到东，追到西，
阿哥阿妹盘腿坐，
隔着火塘闪眼皮，
芦笙对着口弦吹，
阿哥阿妹甜如蜜。

追蜂子，
追到南，追到北，
追到东，追到西，
阿哥扛犁妹抬锄，
齐把金谷播地里，
阿妹割来阿哥拉，
阿哥阿妹甜如蜜。

分别好似刀割肝

走过一山又一山，
阿哥阿妹生离散，
相会好比龙摆尾，
分离好似刀割肝。

送荷包

你芦笙吹得再响啊，
阿妹也不会动心；
你响篾弹得再动情啊，
阿妹也不会动心。

那勇敢像豹子的男子，
阿妹的背带会挂到他的肩上，
他心地像弩箭一样正直，
阿妹的丝线荷包会送到他的手上。

用葫芦制作的芦笙是拉祜族最喜爱的乐器，图为拉祜族青年在吹芦笙，摄于20世纪50年代(图/云南省社科院)

撰稿专家

熊开万，昆明学院讲师。
张锦鹏，云南大学教授。

拉祜族老人向孩子们传授吹奏芦笙的技巧(图/谭春)

第5章

芦笙相伴的舞步歌声

音乐舞蹈

本章主撰稿人：云南广播电视台主任编辑　谭学金　　云南艺术学院教授　黄凌飞

对于诸多无文字民族而言，文化的记忆及表达多是以声音和肢体为主的。拉祜族就是这样一个能歌善舞的民族，人人能歌，个个善舞。

拉祜族音乐大都属于具有大调式色彩的宫调式，音乐结构多为上下句式乐段。节奏上，拉祜族音乐大都不太规整，叙事歌虽然有固定的旋律模式，但节奏较为自由。器乐曲则有明显的节奏，芦笙、小三弦、响篾、哩嘎嘟等演奏的音乐，都可以用三拍子或二拍子来标注。特别是芦笙舞曲，动感很强，多由2/4拍的两小节组成乐节，四小节构成乐句，便于舞蹈。

拉祜族民间舞蹈历史悠久，源远流长，具有浓郁的民族性和广泛的群众性。广为流传的舞蹈有“芦笙舞”“摆舞”“跳歌”等等。

这些舞蹈中，最能代表和反映拉祜族精神和文化的，首推“芦笙舞”。它粗犷、豪放、多彩多姿，形象生动地展现了拉祜族的精神风貌和“游猎民族”的特点。在拉祜语中，芦笙舞被称为“诺美嘎可”。“诺”是芦笙的意思，具有唤醒、召唤等含义，“美”是吹的意思，“嘎可”即跳舞，舞蹈时芦笙起伴奏和导舞的作用。吹笙者边吹边跳，其中一人为领舞者，参加者围成一圈或几圈合着芦笙的节拍起舞，依芦笙曲调变化而变换舞蹈动作。

芦笙舞集宗教、礼仪、娱乐、艺术为一体，内容十分丰富，在民间流传的就有百余套，每一套舞蹈都具有丰富的文化内涵。芦笙舞也是拉祜人与大自然沟通和交流的方式。在芦笙舞中，拉祜族的宇宙观、人生观、生死观、伦理道德观等方面都得到充分的表达。芦笙相伴的舞步歌声是拉祜人精神的象征和标志，强烈地透射出拉祜人重德、务实、自强、宽容的精神。

从《芦笙恋歌》走进拉祜族音乐

视芦笙为生命，融汇中西音乐元素

阿哥阿妹情意长，
好像那流水日夜响；
流水也会有时尽，
阿哥永远在我身旁。
阿哥阿妹的情意深，
好像那芭蕉一条根；
阿哥好比芭蕉叶，
阿妹就是那芭蕉心。
…………

每个民族都有传情达意的方式，有的用乐器奏响爱情，有的用歌声表达爱意，有的用信物寄托情思，而拉祜族是用最美的歌声来表达爱情的。20世纪50年代，一部描绘拉祜族人民的斗争和生活的电影《芦笙恋歌》让世人认识了勤劳善良的拉祜族，而主题歌《婚誓》感动了整整一代人。歌曲旋律的婉转抒情、易学易唱，歌者清纯、靓丽的声音，深深感染了无数听众。鲜为人知的是，《婚誓》旋律的原型，就是在拉祜族地区流行的一首情歌《送荷包》。这样一段旋律根据歌词的不同而稍加变化，可从天黑唱到天亮，歌词内容之丰富可想而知。情歌往往从相见一直唱到定情，从男方家唱到女方家，拉祜族音乐和语言之丰富可见一斑。

扫描二维码欣赏
电影《芦笙恋歌》主题歌《婚誓》
片段

扫描二维码欣赏
作为《婚誓》旋律原型的拉祜族情歌《送荷包》片段

拉祜族老人教年轻人吹奏芦笙（图/董宸）

芦笙——拉祜族的标志性乐器

拉祜族乐器主要有芦笙、小三弦、响篾（即口弦）、哩嘎嘟（直箫类吹管乐器）、神鼓、象脚鼓、铓、镲等。其中，芦笙是拉祜族的标志性乐器，拉祜族男子几乎都会吹芦笙。

芦笙，拉祜语称“诺”，属拉祜族民间吹管乐器，由一个葫芦和五支长短不一的金竹管组合而成，广泛流行于拉祜族聚居区。芦笙是拉祜族男人最喜爱的乐器，也是拉祜族娶亲嫁女、节庆活动不可或缺的乐器，更是拉祜族男人表达爱情的乐器。

关于拉祜族芦笙的来源有许多美丽的传说，拉祜山乡的老人们常常用醇厚的拉祜歌调娓娓唱来。其中一个古老传说的大意是：天神厄莎造就的拉祜始祖扎迪娜迪从葫芦里走出来后，繁衍了拉祜族的后人，有一对夫妇养育了性格迥然相异的五兄弟，他们吵闹不和，明争暗斗，老父亲希望找到一个方法令他们团结一心。有一天风吹过竹林，每根竹子都发出不同的声音，非常动听。这给了拉祜老人神奇的灵感，于是他找来最好的泡竹，砍成长短不一的五根竹管，代表性格迥异的五兄弟，将它们插入葫芦中，用蜂蜡粘牢，做成漂亮的芦笙送给五兄弟。每根管子代表一个兄弟，发出自己特别的声音，相互之间可以有不同的对接组合方式，意为兄弟间可以用吹出的曲调表达自己的心声，要团结和睦，停止无意义的争斗。

芦笙的制作颇为复杂：以葫芦为依托或母体，在每支金竹管插入葫芦的那头削开一条长3毫米的长方形口子，安装用金竹片削成的簧片，开出圆形音孔，分别插进开好圆形口子的葫芦中，直接穿通葫芦，再用蜂蜡将金竹管与葫芦的接触面封好至牢实，芦笙就做成了。

葫芦有大有小，选择时以手拿得住为准，制作出来的芦笙也就大小不同，音调高低就有差异，音色明暗也不一样。一般大芦笙音色柔和，色彩稍暗；小芦笙则音色透亮、清澈。可由一人单独演奏，也可多人一起演奏；可吹奏单旋律，也可吹奏和声。芦笙声音纯净，被拉祜族誉为“通天通人之神器”。

芦笙的曲调很多，有慢有快。慢的音调悠长延绵，抒情动人；快的节奏明显，动感十足，适合舞蹈，称为芦笙舞曲。芦笙曲以舞曲为多，如《跳笙调》《春盐调》《撒种调》《犁地调》《过山调》《串门调》《催眠调》等。

芦笙恋歌（图/李剑峰）

一曲“芦笙恋歌”让世人认识了一个民族
——记拉祜族第一代歌唱家娜海

阿哥阿妹情意长
好像那流水日夜响
流水也会有时尽
阿哥永远在我身旁
阿哥阿妹的情意深
好像那芭蕉一条根
阿哥好比芭蕉叶
阿妹就是芭蕉心
…………

拉祜族第一代歌唱家娜海(蒋双妹)(图/郑宪章)

20世纪50年代，电影《芦笙恋歌》让世人认识了拉祜族，而电影的主题歌《婚誓》也传遍大江南北，感染了无数听众。1981年影片复映，又深受新一代年轻观众的喜爱，《婚誓》也成为当时最为流行的歌曲之一。鲜为人知的是，这首歌曲的原型，是拉祜族第一代歌唱家娜海（蒋双妹）所贡献的。

1956年，雷振邦先生来到澜沧县采风，由澜沧县文教科李副科长陪同，来到了拉祜族传统文化保留完好的南岭乡勐炳村。在李副科长的指引下，雷振邦先生来到娜海家收集民歌，为创作积累素材。娜海回忆说，当时她才16岁，在家乡念书、劳动。她有着一副好嗓子，又会唱许多拉祜族民歌，在学校里已是文艺骨干，在当地也小有名气。

那时拉祜族地区刚解放不久，民族关系还不是十分融洽，拉祜人对外来的“汉人”普遍有着戒备的心理。当地流传的民谚说：“石头不能当枕头，汉人不能交朋友。”民族隔阂之深，由此可见一斑。娜海根本不认识这个远道而来的“汉人”是谁，李副科长让她唱几首民歌，她就唱了。

她记得当时清唱了三首民歌：儿歌《打秋千》，情歌《送荷包》，还有《芭蕉一条心》。《送荷包》是一首在当地流传的情歌。《芭蕉一条心》是一首歌颂解放军的新民歌，歌中唱道：“拉祜阿佤解放军，就像芭蕉一条心。拉祜阿佤是芭蕉叶，解放军就是芭蕉心。”

雷振邦后来在一篇文章中这样回忆这次采风的经历：“记得在1956年，到云南澜沧县拉祜族地区去的时候……在他们家里也有了亲切感和温暖感，真像一家人了。但是，对他们的民歌，开始我可实在没有感觉出美来，听起来总觉得太单调。可他们自己唱着却如醉如痴。”经过与拉祜族人民的一段共同生活，雷振邦“逐渐地了解到拉祜人的生产生活、思想感情、风俗习惯等等，才进一步感受到拉祜族民歌与民间音乐的突出特点和丰富多彩，才感受到拉祜族人民光辉创作的精华”。

电影《芦笙恋歌》于1957年1月正式上映。这是一部反映拉祜族人民在党的领导下对国民党残余势力进行斗争的电影，也展现了拉祜族青年男女淳朴甜美的爱情。电影主题歌《婚誓》风行一时，以其浓郁的民族风格受到广泛的喜爱。其实，《婚誓》的主要素材，就是来自娜海演唱的《送荷包》的旋律和《芭蕉一条心》的歌词。经过雷振邦先生的精心改编和再创作，歌曲的旋律更加完整，歌词内容也更加丰富，成为民族音乐的不朽经典。同时，这首歌也受到拉祜族人民的广泛认同和喜爱。

电影上映之后，娜海在拉祜族中间出了名，拉祜人把她当作宝贝一样对待。1960年，澜沧县文工队正式成立，娜海和20多位队员一起，到澜沧的各个乡镇巡回演出，宣传党和政府的方针政策。文工队的工作十分辛苦，一年中有大半时间都在各个乡镇演出，但这也为娜海收集各地丰富多彩的拉祜族民歌提供了绝好的条件。娜海经常和各地的拉祜族民歌能手交流，向他们学习请教，积累的民歌也越来越丰富。

1964年11月至12月，全国少数民族群众业余艺术观摩演出会在北京隆重举行，这是我国历史上少数民族文艺汇演的空前盛典。年轻的娜海和70多位幸运的云南少数民族代表一起，被选中参加汇演。他们代表云南25个世居少数民族，向首都人民奉献了极具民族风味的文艺精品。站在人民大会堂的舞台上，娜海独唱了一首拉祜族颂歌《麻栗花开幸福来》。麻栗花是拉祜族对梨花的称呼，麻栗花开要结果，麻栗结果是甜的，这首歌就是拉祜人发自内心的对带给他们平等和幸福的党和政府的颂歌，质朴而又真诚。演出结束后，娜海和其他演员一起，受到了毛主席等党和国家领导人的接见，并合影留念。回忆起这一历史时刻，娜海的神情中流露出别样的光彩。

拉祜族的民间文化是取之不尽的宝藏和源泉，从民间走出来的经典是真正经得起时间考验的经典。因为深深地扎根于民间，所以有着惊人的生命力。几十年来，娜海一直从事民族音乐的演出和教育工作。用她自己的话说，就是“为了这个歌（芦笙恋歌）努力工作”，回报社会。这位开朗、健谈的老人说，她会唱的很多拉祜族民歌还没有被记录，很想找一个合适的机会保存下来，为拉祜族音乐文化留下一份宝贵的记忆。我们期待她的愿望早日实现。

左图：风靡一时的电影《芦笙恋歌》剧照，图为主人公扎妥（左）和娜娃（右）

右图：娜海演绎“芦笙恋歌”（供图/李娜娜）

广为流行的“响篾”和“哩嘎嘟”

响篾，拉祜语称“阿踏”，意为会响的篾片，又称口弦，属弹拨乐器。拉祜族的响篾一般用老金竹片（也有极少数用铜片）制作，长约10厘米，宽约8毫米，厚约3毫米，在其上挖出一片作簧片，用右手拇指弹奏发出声音，以口腔作共鸣，用哈气或吸气辅之，可改变声音色彩。

响篾可单独弹奏，也可两支、三支、四支一组弹奏，是拉祜族的传统乐器。响篾的音量较小，音色柔和，节奏较快。拉祜人常以芦笙作为男性的象征，以响篾作为女性的象征，后者是姑娘们表达爱意的乐器。

响篾的乐曲主要有《阿踏阔》（响篾调）、《呢哈雅哈阔》（情调）、《阿耶阔》（玩耍调）、《哈列阔》（高兴调）、《多拉阔》（出山调）等。

“哩嘎嘟”是拉祜族民间的一种吹管乐器，又名“哩都”。由于它的外形和吹奏方法与汉族的洞箫相近，因此可译为“直箫”或“直笛”。拉祜族男女青年都喜爱“哩嘎嘟”这件乐器，男女都会吹奏。他们大都在出门路上或上山劳动、走村串寨时边走边吹奏，所吹旋律常常会吸引青年男女，他们会不约而同地靠近吹奏者一路同行。

吹奏“哩嘎嘟”不是件容易的事，要将下嘴唇压住吹口，让气流通过U形缺口，才能发出正常的声音。常见和常用的演奏技法主要有吐音和连音吹奏，有时一口气可吹出六七个小节的连音。

弹奏响篾（图/谭春）

源于汉族，却独具民族风味
——拉祜族小三弦

拉祜人在日常生活中，最喜爱的两件乐器，一是芦笙，二是小三弦。这两件乐器在拉祜人的音乐活动中占有重要位置。芦笙主要应用在拉祜族舞蹈中，而小三弦则是拉祜人歌唱时不可缺少的伴奏乐器。拉祜族民间乐器中也以这两件乐器发展较完善，应用最广泛，积累的曲目最丰富，其中又数小三弦更为突出。小三弦不仅积累了众多的独奏曲目，而且已形成了一整套独特的演奏方法和丰富的制作经验，因此小三弦在拉祜族民间传统乐器中地位显赫。

拉祜族小三弦，拉祜语称“德”。拉祜族小三弦外形与汉族三弦基本一致，但具体制作上又有区别。总的说来，拉祜族小三弦形制小巧玲珑，工艺精细别致。小三弦分大小两种尺寸，较小的全长仅50厘米左右，较大的全长不超过80厘米，其鼓头、音窗和琴头等处多有精心雕凿的花纹图案，极富民族特色。其中，较小的小三弦因便于携带而更常用。

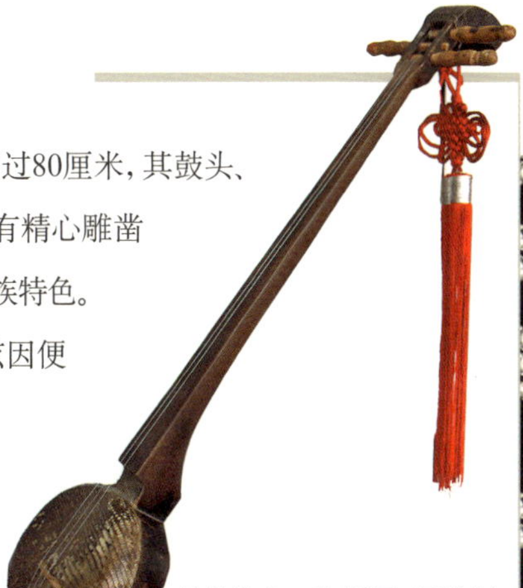

拉祜族小三弦（供图/谭学金）

拉祜族小三弦虽然源于汉族，但在拉祜人手中已经改变了面貌，从形制到演奏都发生了较大的变革。尤其从演奏及风格上比较，它与汉族三弦已相差甚远，共同之处甚微。拉祜三弦能够充分地表达拉祜人的心理感受、感情意识，表达方式独成一派，已成了不折不扣的拉祜族乐器。尤其是拉祜族盲艺人张老五，经过数十年探索，将小三弦艺术推上了高峰，使之成为拉祜族民间音乐的重要代表。

拉祜族的“阿炳”——张老五

文/夏鼎

1931年出生在澜沧县芒掌寨的拉祜族音乐家张老五，2岁失明，7岁流浪，12岁学琴，命运坎坷，生活清苦，但却孜孜求索大半生，从未放弃过对三弦的苦练、琢磨。几十年的磨砺，使他琴技超人，行音运指万无一失，用音设色炉火纯青。不幸的身世，更使他在吐纳情怀、造形刻意方面有独到的内涵，他那出神入化的琴声十分感人，悲切处催人泪下。

张老五作为民间作曲家，才华横溢，表现出非凡的构曲设篇的灵性。他乐思如泉，信手成篇，并集演奏、创作于一身，近百首三弦曲凝聚着他创作与演奏的才华，这无疑是他对民族音乐的卓越贡献。这些流光溢彩的音乐作品广为传播，受到了各族人民的热爱和外国听众的倾慕。

张老五的三弦演奏才能在澜沧江两岸方圆数百里广为人知。人们喜欢他的演奏，赞美他的演奏，就是那些拉祜族小三弦的民间演奏高手们也无不佩服他的技艺，推之为首。人们说，他弹歌而让人知情，弹舞而使人雀跃。尤其是那些饱含劳动人民辛酸的篇章，一经他演奏，聆听者往

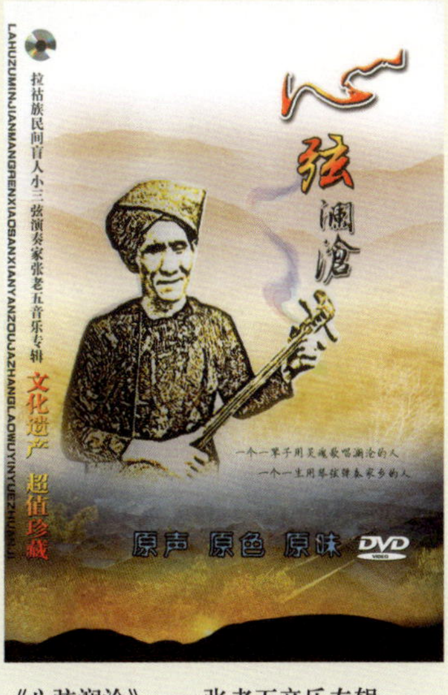

《心弦澜沧》——张老五音乐专辑

往真情触动，声泪俱下，久久不能平息……

澜沧的乡亲们说："三弦在老五手下多听话啊！要哪个音就出哪个音。"有的说得更神了："是厄莎借他的手在弹琴，就像拉祜人背百把斤的谷子爬大坡还要吹芦笙一样，哪来的力气？就是厄莎在使力嘛！"

一般而言，用指尖肉垫触弦按音被认为是科学的触弦法，张老五则不用此法，而是采用独特的"跪指按弦法"。"跪指"是用指甲背面按弦，左手指第一关节要大幅度弯曲，难度较大，一般人很难适应。跪指的用意在于择取纯净、明亮的音响，并使余音久长。跪指的运用为拉祜三弦获取良好的音响奠定了基础。张老五于跪指，下了很大的功夫，看他那形已弯曲的手指便知道，他那珠圆玉润、水灵透亮的三弦声来源于跪指的造化。

滑音，原是一种极普通的乐器演奏技法，属于装饰性的表现手段，但老五却把它当作拉祜三弦行音走指的基本方式。音与音的递进、跳跃，旋律的张弛，都以此法表现。因而在他的作品里，旋律总在连绵滑动的音群里游弋，音与音之间如胶似漆，缠缠绵绵，或圆润柔美，如泣如诉。在老五手中，滑音的表现形式有众多的种类：大小、上下、前后、回转、倒转……计五类十多种，更有无法定名的滑动处理。老五的滑音使传统的记谱法显得十分苍白而无力。

张老五的演奏主要在室内展开，参与人数较少，多在劳作之余的夜晚进行。三五人、七八人在火塘边一坐，便开始了张老五的三弦故事。民歌、小调、人生、哲理，随心所欲。因为是独奏，更不受旁人制约。类似的民间艺术活动很多，可称"火塘文化"。

张老五根据"火塘文化"的特殊性（屋内安静、人数较少），在乐器音响音色的选择上下了大功夫。他追求纯净柔美的音质音色，而不偏好响亮热闹的音响。为达到这一目的，他改进了乐器，使拉祜三弦从音响上兼有纯净的音色、长久的余音、良好的共鸣，扩展和开拓了三弦的表现能力。

张老五生活在边疆民族地区，从小受各民族民间音乐的熏陶。他神奇的听觉使他具有识别鉴赏各民族民间音乐特性的敏锐感，加之老五是一位精于捕捉那些具有独特风味、气息的典型音调进行创作的行家，因而他的作品总是风格独具，气韵浓烈。老五的作品涉及普洱、临沧、西双版纳广大地区的拉祜、汉、彝、哈尼、佤、傈僳、傣及香堂、碧约、阿恋等支系共10多种民族或支系，呈现出多彩的民族风格。这些作品在国内外少数民族地区广为流传，深受喜爱。

扫描二维码欣赏
张老五小三弦作品
《拉祜古调》片段

糯福南段拉祜族跳神鼓舞（图/谭春）

人间与厄莎沟通的神器——神鼓

神鼓，是拉祜人心中的神圣之物，在澜沧县糯福乡南段、木戛乡班利等拉祜族聚居地可以见到。拉祜人认为，神鼓是厄莎赐给的神物，是人间和厄莎沟通的神器。因此，凡人既不能与神鼓同居一室，更不能随便敲响神鼓，只能将其供奉在神庙中，只有在节庆活动或遇重大事件需要商议时，才能敲响神鼓。

传说很久以前，南段寨子的头人“阿布噜”（意为老爷爷）梦见山谷里生长着一棵巨大的三合树，天神厄莎告诉他，可以把这棵树砍下来，制作成神鼓，传给子孙后代，说这样就能世代保佑拉祜人，并教他如何制作神鼓。醒来后，他依照梦境，带人在莫谷后山找到了这棵三合树，把树砍了下来。历时三年，制成一雄一雌（一天一地）两个神鼓。神鼓制成后，人们建造了神庙，把神鼓供奉在庙中。阿布噜告诫子孙要好好地爱护神鼓，神鼓会给拉祜人祛病消灾，保佑人们幸福吉祥，六畜兴旺，五谷丰登。有一天，阿布噜说要到神庙点蜡烧香，去了之后便再也没有回来。人们四处寻找阿布噜，寻到葫芦山时，听到大山深处传来震天的神鼓声，鼓声时紧时松，似乎在向人们传授敲鼓的技法，聪明的拉祜人用心记住了鼓点及套路。

神鼓的外形颇为独特，既不像汉族的大鼓，也不像佤族人的木鼓。它长约2米，直径约90厘米，横架在栗树制成的架子上，可以两面同时敲击。制作神鼓，需要从山上砍来百年大树，取其圆滑的中段，镂空树心，两端蒙上牛皮，再在鼓身上刻上命运花、过年花、谷花等图纹，饰以代表太阳、月亮的饰物，象征人丁兴旺，五谷丰收。

至今，木戛乡班利的拉祜人还把神鼓供奉在佛堂

神鼓是拉祜族与厄莎沟通的神圣器物（图/谭春）

上，每逢节庆或有祭祀活动，都要先虔诚地上香祈祷，然后才能敲响神鼓。

随着时间的推移，神鼓逐渐被拉祜人运用到歌舞活动中，演变成打击乐器。在糯福乡南段，拉祜人的神鼓有很多种敲法，可根据舞蹈的变化而变化。

善于吸收外来音乐元素的拉祜人

近几年来，拉祜文化频频亮相央视，《星光大道》年度亚军扎约的深情演唱、达保兄弟组合手持吉他的激情演绎、老达保村几十人壮观的吉他弹唱以及《民歌中国》里拉祜族音乐舞蹈的原生态展示，都给全国电视观众留下了深刻的印象：原来，拉祜族不仅会弹吉他，而且是一个能够演唱和声的民族。

拉祜族是一个乐于接受新鲜事物的民族，他们中的许多人，都能够在很短的时间内学会吉他弹奏技法，学会和声的演唱，这让许多音乐界人士刮目相看。

在澜沧县酒井乡老达保村，就出现了以吉他为伴奏乐器的多声部合唱。在这个村，弹吉他、唱和声已经成为一种时尚。聪明的拉祜人借西方乐器及和声演唱方式改编出许多歌曲，如《狩猎歌》《快乐拉祜》《实在舍不得》等，广为流传。

无独有偶，2009年，拉祜族第十八届葫芦节在云南昆明举行，在拉祜族原生态文化展演的舞台上，有一个节目非常特别：两位拉祜族妇女吹着口琴在前面领舞，后面跟着约20位身着节日盛装的拉祜族妇女翩翩起舞，婀娜多姿的舞蹈合着口琴吹出的古老的拉祜族

融传统文化与外来文化于一体的澜沧县酒井乡老达保村（图/谭春）

拉祜人乐于接受新鲜事物，弹奏吉他已经成为老达保村的风尚(图/郑宪章)

音乐，给人以耳目一新之感。在孟连县的腊福、东乃、帕亮、英山、糯各等拉祜族村寨，笔者发现当地的拉祜人以吹奏口琴为时尚，会吹口琴者之众、所形成的口琴曲之多已成为拉祜族又一大音乐现象。

口琴属外来乐器，大约在20世纪40年代传入孟连县，因其体积小，携带方便，音准好，又容易学，深受各族男女青年喜爱。特别是能歌善舞的拉祜族，以会吹奏口琴为荣，会吹奏口琴的女青年常常是众多男青年追求的对象。

在长期的生产生活和社会实践中，聪明的拉祜人运用外来乐器为自己古老的歌舞伴奏，称得上是洋为中用，得到广大拉祜族人的认可和接纳。吉他、口琴等一经传入，便融入到他们的歌舞海洋中，形成一道亮丽的风景。

游猎生活与拉祜族音乐

相传很久很久以前，拉祜族的祖先扎迪娜迪居住在“糯海厄波”（大湖）边。后来，由于战乱，拉祜族一路南迁。长期的游猎和迁徙生活状态，孕育了拉祜族独特的音乐文化。

听过拉祜族音乐的人，都会被它那婉转的旋律所打动。细细品味会发现，在一些优美的旋律中，蕴含着忧郁的色彩。这与拉祜族男人狩猎在外，不能长时间与家人相聚有关。以《年歌》为例，其他民族的年节歌曲大都较为欢乐、喜庆，而拉祜族的《年歌》却舒缓而深情，这是因为拉祜族男人为了让家人过上一个富足的年，就要在过年前上山狩猎，有时一去就是十天半月，有的人甚至在与野兽的搏斗中失去了生命，因此延误了过大年的时间。为了迎接勇敢的猎人，拉祜族把正月初七至初九定为男人年（即小年）。难怪《年歌》显得舒缓而深情，原来饱含了拉祜族女人对丈夫的无尽思念与担忧。

撰稿专家

谭学金，傣族，云南广播电视台少儿频率副总监，主任编辑，云南少数民族新闻工作者协会秘书长，云南音乐家协会会员。主要从事云南民族音乐的挖掘、整理和广播文艺作品的策划制作。代表作有大型音诗《火塘》《亘古》，广播剧《大蛇摇动过的土地》等。作品曾获多个奖项，如《高原人的情歌》获上海国际广播音乐节“国内十佳”奖，《遥远的景颇山》获中国民乐大赛金奖等。

“跳得黄灰起”的芦笙舞

粗犷而豪放，跳出山地民族的无限热情

秋收与过年时的狂欢

在拉祜族村寨，传统上对跳芦笙舞的时间有严格的规定和限制。每年春耕农忙之时，至秋天收获谷物期间，是老人们称为“芦笙封口”的日子。最大规模的芦笙舞，主要就是在秋收和拉祜族的“扩”这个隆重的传统节日，也就是民间俗称的拉祜族大年和小年期间举行。大年四天，是女人的年；小年三天，是男人的年。

过拉祜年时，各村寨都要举行规模壮观的芦笙舞会，融传统的拜祭厄莎、新年祈福和群众性歌舞活动为一体，少则几十人，多则几百、上千人，层层围圈起舞，芦笙吹响，欢声不断。村寨之间拜年时，“串门调”“抽烟舞”等随处可见，除本村寨男女老少都参加外，还互相邀请周边的本族或其他民族共娱共乐。人们往往从早上跳到日落，甚至通宵达旦，兴致不减。

按照传统习俗，全村集体性芦笙舞会一般由寨主组织，村中较有经济实力和芦笙吹跳能力的家族和个人也可以自愿举办。这样的家族可以事先向寨主申请，得到允许后，按规矩跳三年停三年。也就是说，凡举办芦笙舞会的人家，必须连续办三年，之后隔三年才能再次举办。

芦笙舞有特定的顺序

在澜沧拉祜族地区，传统的芦笙舞活动在持续时间上不完全统一。过年期间的芦笙舞会一般持续三天。

芦笙舞有完整的结构程序，套路繁多，表演程式相对固定，依曲调节奏改变身体姿态，表现内容丰富，涉及社会生活的方方面面，完整地保留了原始古朴的韵味和强烈的艺术感染力。

传统意义上的芦笙舞大致由三大部分组成，详见附表。

热闹非凡的芦笙舞会（图/谭春）

芦笙舞的三大部分结构

<table>
<tr><th>阶段</th><th colspan="2">芦笙舞名称</th><th colspan="2">内容</th></tr>
<tr><td rowspan="2">开始
（祭拜、取笙）</td><td colspan="2">“嘎几”（“嘎几嘎”）</td><td colspan="2">祭祀娱神，通告神灵祖先，表示开始</td></tr>
<tr><td colspan="2">“莎颇嘎”“莎触嘎”“莎妮嘎”（开香舞、敬香舞、点香舞等）</td><td colspan="2">祭祀，表示正式取出封存的芦笙，开始跳芦笙舞</td></tr>
<tr><td rowspan="2">过程
（由邀伴舞和动物舞、劳作舞、生活舞两大部分组成）</td><td colspan="2">“嘎厥嘛”（甩跳舞）、“嘎普”（翻跳舞），表示邀约大家一起来跳，俗称“邀伴舞”</td><td colspan="2">每一套舞由对应的两段构成，由于动作复杂，现已很少有人能够掌握，因此简化为健身舞，有的地区已将邀伴舞改编成了一个套路</td></tr>
<tr><td colspan="2">动物舞、劳作舞、生活舞</td><td colspan="2">跳时的顺序不定，前面的祭祀程序完成后，动物舞和劳作舞、生活舞在后面的几天可以连续跳</td></tr>
<tr><td rowspan="4">结束
（包括每天的结束和最后整个活动的结束）</td><td colspan="2">“嘎结嘎”（每天活动结束时，用脚的固定动作完成）</td><td colspan="2">有祭祀的含义，表示记住今天是跳到什么内容结束，明天接着往后跳</td></tr>
<tr><td rowspan="3">整个活动结束</td><td>“呀灭嘎”
（妇女舞、姑娘舞）</td><td>模仿串姑娘的行为</td><td rowspan="3">有的地区仍保持传统，将三种结束程序的舞跳完，但也有很多地区省略为只跳最后的“嘎括根”</td></tr>
<tr><td>“嘎结嘎”
（最后一次表示结束）</td><td>祭祀，需要两队人，配成对儿跳</td></tr>
<tr><td>“嘎括根”
（结束舞）</td><td>祭祀，表示完全结束</td></tr>
<tr><td>活动完成</td><td colspan="4">活动全部结束，每家人从竹篮里抓走一把稻谷放进自家的谷仓里，寓意明年的丰收</td></tr>
</table>

嘎几嘎（开场舞），跳芦笙舞之前对神的祭拜仪式（图/黄凌飞）

翻跳舞（图/黄凌飞）

在三大组成部分中，首先是带有宗教祭祀色彩的“嘎几”（开始），也叫“嘎几嘎”（开始跳），这是跳芦笙舞之前对神的祭拜仪式。

在主办芦笙舞的人家，本次跳芦笙舞的主要男性（多为长者）围着放有谷粒（或苞谷）、松树花、桃花、李花、甘蔗、蜂蜡的篾桌，先右转跳三圈，再向左转跳三圈。之后的开香舞、敬香舞、点香舞等，表示取出上年封存的芦笙，要开始跳芦笙舞了。芦笙舞领舞者在前边带领，后面是芦笙队和寨内的村民边走边跳，抬着篾桌绕寨一周，之后前往大的公共活动场地，在那里携手围圈，随芦笙曲调开始全民参与的芦笙舞。

第二部分由两个环节组成，是整个芦笙舞中最为庞大的内容。第一个环节的“嘎厥嘛”（甩跳舞）、“嘎普”（翻跳舞），表示邀约大家一起来跳，老百姓俗称“邀伴舞”，有的地方也把它称作“欢庆舞”或“健身舞”。

第二个环节，是芦笙舞中最为丰富多彩也最有生活情趣的动物舞、劳作舞和生活舞，表现拉祜人与大自然中的生灵们和谐共处以及日常生活和刀耕火种的情景。这部分芦笙舞套路，在具体跳的时候顺序不定，在“嘎厥嘛”“嘎普”结束后可以是动物舞，也可以是劳作舞。每个地区有自己的一些组合方式和即兴创造，这与本村芦笙舞领头者的个人创造才能有很大关系。

当最后一天把第二部分的芦笙舞都跳完，就进入了第三个部分，即结束的程序。这时，“呀灭嘎”（姑娘舞）开始，表现生活中拉祜族小伙子串小姑娘的情景，除了增加现场的热闹气氛，也暗喻人类生命繁衍的阴阳化合。

之后，最后一次“嘎结嘎”跳起来，两队人各从一边出来，配成对跳跃。当表示本次芦笙舞活动完全结束的“嘎括根”开始时，就意味着要把芦笙装好封存，等待明年再开始新的狂欢了。

隆重热闹的芦笙舞结束后，村里的每家人都会争相从置放在神桌上祭献厄莎神灵的篾箩中，抓一把稻谷放进自家谷仓里，寓意来年丰收，兴旺发达。村民们也可以把自家的谷种拿来一些放到上面，待结束以后再拿回家，掺在自家的其余谷种里，祈盼秋收时五谷丰登。

以脚、腿动作表情达意

以脚部和腿部动作来完成特定意义的表达是拉祜族芦笙舞的重要特点。芦笙舞特别强调脚步的步法，上身微微弯曲，身体重心全部向下，双手只负责抱握芦笙。一切由心而发，由意而动，含蓄、洒脱，又自然律动，形成了刚柔相济、情景交融、技艺结合，以及精、气、神和手、眼、身、法、步谐和与高度统一的特色。

芦笙舞特别强调动作的对称性，左边跳过的动作一定在右边重复一次。会跳的人两边都会跳，不会的人只会跳一边。基本脚步有虚有实，欲左先右，欲扬先抑，欲进先退……这些动作都有着浓厚的古代先民“踏歌”舞姿的遗风。

乐调与舞步浑然一体

每一类型的芦笙舞都有各种不同的套路，每个套路根据其不同的步伐在相同旋律的基础上产生不同的

芦笙舞的渊源

据清代道光《威远厅志》记载，拉祜族“男女杂聚，携手成圈，吹笙跳舞”。直到现在，拉祜族芦笙舞均不同程度地保留着先民们“围圈”“携手”“顿足”等古老痕迹，其舞蹈形态和服饰特征酷似青海大通县出土的新石器时代陶器上的舞蹈图案。这说明，在拉祜族先民南迁以前，围圈携手、吹笙起舞的舞蹈传统业已形成。

约春秋战国时期，诸族群向南迁移，将这些舞蹈传统带到云南，与云南的土著文化相融合，形成彝语支诸民族共同的传统文化。南诏以后，拉祜族逐渐迁徙到今临沧一带生活。由于土地肥沃，森林茂密，自然条件优越，拉祜族逐渐开始定居农耕。在此基础上，拉祜族人在劳动中又创造了反映生产劳动的舞蹈，芦笙舞这种舞蹈形式逐渐丰富和完善成型，并流传开来。

节奏。可以说，芦笙曲调的节奏是芦笙舞最为核心的组成部分之一。

拉祜族推崇数字四，他们相信天圆地方，认为四四方方才是世界之本，因此芦笙舞的旋律也是以四拍为主。这种时空观念与芦笙舞律动的节奏特点正好对接，芦笙吹出的节奏和芦笙舞舞步密切配合，浑然一体。

国家级非物质文化遗产传承人，竹塘乡大塘村的李增保老人说：“舞蹈动作的套数和曲调很有关系，动作变，所吹的调也在变。跳舞的时候人是跟着曲调走的，什么时候轻，什么时候重，都是由曲调决定。舞蹈动作一共有36套，但若按快慢区分，则是72套；关于生产劳动的有12套，两套用一个调，动物舞有更多的调。芦笙舞跳得好或不好是看起步怎么样，看动作，不

以脚、腿部动作表情达意，是拉祜族芦笙舞的重要特点。图为青蛙舞（图/黄凌飞）

乐调与舞步浑然一体(图/谭春)

会变脚、不会换脚就是跳得不好。芦笙吹得好的人能同时发出几个合在一起的声音，这样就好听，只能吹出一个音的就吹得不好。”

在音响组织上，芦笙舞的曲调一般由三个层次构成。高声部的颤音似余音持续缭绕于耳际，使得芦笙曲调听起来欢快、活泼而明朗，这是最能体现身体动作特点的音调。同时，不论是哪一类型的芦笙舞，支配整个芦笙舞的主要旋律曲调几乎都由中间层次的声部完成，而处于低声部的持续音响为整个曲调打下厚实的基础。纵观整个音响结构，三个层次的声音由低到高组成了一个完整、立体、丰富的音响系统。

芦笙曲调在整个舞蹈过程中起着非常重要的作用。在大队伍中，只要听到领队的人用芦笙吹奏出的乐句和旋律，其他的人就都心领神会，明白它指向的是哪个套路和环节。

有趣的是，每位芦笙手不管如何排列自己的音符，却都在一个共同的框架下即兴创造，即兴发挥，最终又都能回到结束音上。既遵循约定俗成的规则，又有着个人的独特创造，这是拉祜族芦笙舞重要的文化特征。

1964年过年节时，拉祜族男子跳起芦笙舞(图/云南省社科院)

南戛厄科：拉祜族芦笙最正宗的产地

文/刘劲荣

拉祜族男子虽然人人能吹芦笙，人人能跳芦笙舞，但并非人人能制作芦笙。据不完全调查，在拉祜族所居住的云南省6个市州20余个县市中，仅有一个村子制作出来的芦笙是最正宗、最标准的，这就是位于澜沧拉祜族自治县西北部木戛乡的南戛厄科村。这已被全体拉祜同胞所公认，甚至东南亚一些国家的拉祜族也都专程或托人到该村购买芦笙。这里制作的芦笙，音质纯正，式样美观，有经验的老芦笙手，一眼就可以认出它的出处。

芦笙的制作，完全凭艺人的经验，声音的高低、长短、强弱，音位的准确与否，都由听和看来判断。从来没有人规定过制作芦笙时葫芦的大小、笙管的长短，但这里做出来的芦笙音质、形状都是一流的，这恐怕是南戛厄科人制作芦笙的真正绝招所在。

上图：市场上售卖的芦笙（图/陈丹正）

左图：拉祜族的长芦笙（图/黄凌飞）

有趣的是，芦笙的五根笙管，在传说中代表五兄弟，在制作过程中根据音色的需要而长短不一，五根笙管一根比一根短，依序排列，根据吹奏时手指的位置从长到短把它们称为“俄籽麻”“俄拉麻”“拉糯籽白”“拉糯勐的答”和“俄普借”，具有像兄弟和手指一样不能分开的含义，象征着从葫芦里出来的子孙团结、奋进的精神，也体现出人不能以大欺小，各自都可以发挥其特长的人生哲理。

套路丰富的舞步，沟通神灵、自然与生活

四大类型，100余个套路，拉祜人最精彩的肢体语言

拉祜族芦笙舞大致分为祭神舞、动物舞、劳作舞、生活舞四大类型，目前收集到的共有100余个套路。表现祭祀礼仪的，显得深沉庄重；模拟动物情趣的，显得幽默风趣；表现生产生活的，显得欢快激昂，把许多生产生活动作和经验融于舞蹈之中。

芦笙舞的类型和套路

类型	套路	内容	特点
祭神舞	嘎几、开香舞、敬香舞、点香舞、嘎结嘎、嘎括根等	有关祭祀内容的乐舞套路，几乎都与天神厄莎有关	领舞者必须由对传统芦笙舞掌握较为全面的男性长者担任。在比较正式的传统场合中有着完整的仪式程序，并必须严格按照规矩进行
动物舞	老鹰舞、青蛙舞、猴子舞、白鹇舞、马鹿舞、螃蟹舞、蚂蚱舞、鸭子舞、孔雀舞、鹌鹑舞、翻鱼舞、马打滚舞、蜻蜓点水舞等	对动物的姿态、行为举止或习性的模拟	一般一人即可完成，由于舞者的个性、爱好等侧重点的不同，个人风格在这一类动物舞的表现中浓厚而独特。在这些套路中，节奏有张有弛，动作幅度时小时大，表现手法夸张洒脱，较完整地保留了原始古朴的韵味
	斑鸠拣谷子舞、黄鼠狼掏蜂蜜舞、麂子吃橄榄舞、牛打架舞、斗鸡舞、猴子掰苞谷舞、孔雀偷鹌鹑羽毛舞等	对动物的某种生活过程或生活场景的模拟，多半有戏剧性情节。这类套路着重于内容，大多都有一定的故事传说为依据，自娱娱人	有一人或者两人甚至多人跳的。主要的基本动作还是以脚、腿部为主，上身动作为辅。有时为了表现一些动物的生活特征和生活内容，也会加入手部动作，把场景中的各路生灵模仿得生动逼真
劳作舞	选地舞、涮地舞、犁地舞、挖地舞、耙草舞、敲地舞、撒谷子舞、风吹谷子倒舞、割谷子舞、搬谷子舞、堆谷子舞、打谷子舞、筛谷子舞、装谷子舞、背谷子舞、舂谷子舞等	模仿一年四季生产过程中不同的劳作环节	一般按生产劳动的顺序依次跳各个套路，动作模仿实际生产劳动中的各个环节

生活舞	背娃娃舞、纺线舞、簸米舞、支三角架舞、烧火舞、煮饭舞、装饭舞、舂盐巴辣子舞、抽烟喝茶舞、吃饭舞、洗碗舞等		模仿生活中的具体场景	一般短小精练，是自娱自乐的情趣表现。动作幅度不大，曲调和节奏较平稳敦实，没有复杂的情节和波动的情绪，相对于动物舞、劳作舞而言显得较为随意、平和
	邀伴舞（欢庆舞）	拄着跳的舞、单腿拄着跳的舞、伸腿跳的舞、甩跳舞、姑娘舞、踩脚舞、膝盖舞、大小翻转舞、前后翻转舞、扳脚舞、健腰舞、脖子舞等	在祭祀性乐舞结束时，邀请大家一起来欢庆	这部分套路动作幅度很大，集体舞动时非常热闹，既烘托氛围，点燃了族人的热情，又活动了筋骨。相对于劳作舞、动物舞等套路而言，较为松散

祭告厄莎，祈福来年

拉祜族崇拜的天神厄莎，具有无穷的智慧和力量，主宰世间万事万物，掌控人世间的吉凶祸福，是拉祜族传统社会中的守护神和精神支柱。按照拉祜族的传统习惯，芦笙舞跳得越隆重越红火，越能表示对厄莎的崇敬，来年就会平安如意。

有关芦笙舞的许多传说与先民敬献厄莎、与神同乐的内容密切相连，拉祜人把部分祭祀神灵的内容渗入到舞蹈之中，整个过程以祭祀舞蹈作为串联要素，每个重要环节都要跳有祭祀意义的芦笙舞加以标记，并告知神灵和祖先。不同环节的芦笙舞表达方式各有特点，动作中表示跪拜和供奉以及前进后退的步伐都极为讲究，体现出对自然神灵和祖先的敬畏崇拜之情。

芦笙舞一般要连续跳三天，在第一、二天结束之际，为表明活动没有结束，大家就要跳“嘎结嘎”，这是告知神灵厄莎：今天的芦笙舞先跳到这里，明天要回来接着跳。这个表示尊重的祭祀标记非常有特点。大家吹

篾桌上摆着祭告天神厄莎的供品，庄重的舞步表达着对厄莎的崇仰（图/黄凌飞）

着芦笙跳着舞，脚跟着地，缓缓向前用力，一直踩到脚尖，以此动作表示“标记”的含义，既是告慰神灵，也是一种承诺。

在每年举行芦笙舞的季节，为了让厄莎降福于人类，拉祜人把他们辛勤耕种一年后收获的最为珍视的粮食，以及这个季节最美好、最甜美的物品统统放到祭祀神灵的篾桌上。谷粒、苞谷祈祷丰收，蜂蜡是祈祷和与神灵沟通的必备品，松树花、桃花、李花在过年时节开放表示兴盛好运，甘蔗表示生活甜美节节高。这些象征之物全都来源于古歌《牡帕密帕》，它们将同根同宗的拉祜人世世代代连为一个整体。

展现生灵的情趣

模拟各类动物形态的舞蹈，不仅是原始宗教乐舞的主要表现形式，也是远古初民与生灵们的“心智交流”。拉祜族在漫长的游猎迁徙中，以鸟兽为邻的原始生活，使他们对各种动物的神态、习性有了悉心的观察和模仿，进而产生了模仿动物形态动作的乐舞。这是拉祜族芦笙舞较早的表现形式之一。

拉祜族创世史诗《牡帕密帕》的“科迪哈迪”一章中这样唱道：“过年的时候，男人们做了芦笙，到‘厄莎’那里去跳歌。他们闹闹嚷嚷，到了‘厄莎’住的地方，跳歌的时候，鹌鹑最会跳，鹌鹑带着跳，孔雀排第二，人跟在孔雀后边。”直到如今，芦笙舞中还完整保留着鹌鹑觅食的套路。

这是一个沸腾的动物王国，鸟飞鱼跃，猴跳虎斗，追逐打闹，漫步森林……芦笙舞中的这些套路充分体现出拉祜人对大自然的热爱，对动物习性、行为的细致入微的观察。

在这类舞蹈中，有的是表现动物的某种姿态，重复鸟兽的某个动作或习性，老鹰舞、青蛙舞、蜻蜓点水舞、翻鱼舞等属于此类；也有的是对动物的某种生

老鹰舞（图/黄凌飞）

扫描二维码欣赏
李扎戈表演"孔雀舞"片段

活过程或生活场景的模拟，多半有戏剧性情节，如斑鸠拣谷子舞、麂子吃橄榄舞、牛打架舞、黄鼠狼掏蜂蜜舞等等。

这些模仿动物的乐舞形象生动，动作写实性强，可以从头不断反复，把浓郁的原始气息表达得淋漓尽致，充满生命的活力。舞者要尽量真实地还原动物的动作和特性，不受“人”的动作限制，惟妙惟肖地跳出人与自然、与其他生灵融合的情趣。

从这类动物舞中，可以欣赏到一种原始而稚拙的舞姿，举手、抬腿、转身、腾跃中尽显种种生灵的情态，或雄浑刚健，或阴柔婀娜，无不充满生机和活力。拉祜人以生生不息的方式，奏出了动物与人类之间生命的交响。

挖地舞（图/黄凌飞）

耙草舞（图/黄凌飞）

完整再现拉祜人的劳作和生活

“烈火过后光了山，肥沃土壤见阳光。箭筒倒出五谷种，正是下种好季节，一山一凹播一把，三山三凹撒三把。种子撒在木灰上，刀耕火种由此来……”这是创世史诗《牡帕密帕》中对拉祜族农耕生活的描述，清楚地表明拉祜族已经进入了农耕文明。

伴随着生产和生活方式的重大变化，反映拉祜人日常生产生活的芦笙舞应运而生。这是拉祜族节日及重大活动中必跳的一种舞蹈，主要模仿一年四季生产过程中不同的劳作环节，以及生活中的一些具体场景。

作为山地民族，生产劳动几乎构成拉祜人每天生活的全部，因此，表现生产劳动的舞蹈套路不过是他们每天生活的艺术表达。按照芦笙舞传统的规矩，跳劳作舞时一般按生产劳动的顺序来完成。人们围圈起舞，以各种模拟姿态细致地表现选地、挖地、种地、除草、收获、打谷、筛谷等一系列内容。拉祜人深知，只有遵循自然环境的特征和季节更替的特点进行生产劳作，才能保证生存，这在劳作舞中表现得非常充分。

随着社会的发展，在芦笙舞中也出现了反映日常生活情节的舞蹈，内容丰富而有趣，涉及生活的方方面面。生活性和娱乐性构成了这类芦笙舞的最大特点。

从选地开始，一直到舂谷子、舂盐巴辣子、吃饭，这些生存场景，由一系列紧紧相扣的环节构成，组成了拉祜人完整的生活周期。具象而又充满诗情的芦笙舞，有滋有味地伴随着拉祜人的多彩生活，将拉祜人的生活情趣展露无遗，一个生机勃勃的世界就这样诞生。

祈求福气、扫除邪气的“嘎括根”

跳芦笙舞的最后一天，整个活动即将结束，这时就要跳“嘎括根”。“括”，意为“还回去”；“根”，意为“装着”。“嘎括根”必须在太阳还没有完全落下的时候开始跳，如果天黑了再跳就不吉利。

与第一天开始时的“嘎几”一样，男女成对，排成队列，吹着芦笙、跳着舞回到主办芦笙舞的主人家。与此同时，放有谷种的篾箩由两个女人抬回主人的家。抬谷种的女人必须是结了婚并且身体健康的，一般会请那些结了婚、30多岁且育有儿女的女人来抬。跳完以后，在场的人会依次对着神桌跪拜，然后要洗耳朵，寓意让跳的人从今天起听不见芦笙的回响，开始好好生产，认真劳动。

“嘎括根”这套乐舞中，最具代表性的动作就是用脚紧贴地面，向中心扫，拉祜语称为“替鲁”，它表示把所有祈求来的福气扫进门；与之相反的“替跺”，即脚往外扒，表示把邪气扫出门，以求吉祥平安。这样的身体表达，可以超越时空，与神灵同乐，得到神的庇护，最大程度地满足拉祜人的心理需求。

“嘎括根”（结束舞）的标志性动作：用脚紧贴地面，向中心扫，表示把所有祈求来的福气扫进门（图/黄凌飞）

芦笙舞经典之作——斑鸠拣谷子舞

斑鸠，是一种飞行极其迅速的鸟，一般栖息在山地或林区，身体细长，羽毛色彩漂亮，形态美丽。在拉祜族村寨，凡遇丰收年，斑鸠特别多，所以拉祜人把斑鸠当作吉祥的象征，有斑鸠拣谷子就预示着丰收在望。在创世史诗《牡帕密帕》中，也有斑鸠拣谷子的神话，说的是厄莎繁衍人类后，为了让人类早日吃上新米，派斑鸠到厄莎那里拣谷种，然后飞回带给人类。因此，每当丰收吉庆或农事节日，拉祜人必跳斑鸠拣谷子舞，从老到幼都喜欢跳，希望年年五谷丰登。

这个套路跳起来轻盈明快，舞时芦笙随身体晃动或收缩或冲放，酷似鸟的头和喙在机警地伸缩。根据这个民间素材整理改编的拉祜族舞蹈《斑鸠拣谷子》成为中国民族舞蹈创作史上的经典作品，自参加1980年第一届全国少数民族文艺会演并荣获优秀节目奖之后，在艺术舞台上经久不衰。作品的基本情节是三只斑鸠飞来，在一起觅食拣谷，两只小斑鸠抢谷嬉闹，惹得老斑鸠生气，它教育小斑鸠要友爱相处，最后愉快地一起飞走了。舞蹈中的戏剧性情节都通过芦笙舞者的肢体语言表现出来，动作轻盈、敏捷、生动，舞姿常常控制在一个姿态上，并稍许有停顿，富有独特的韵味。

斑鸠拣谷子舞（图/黄凌飞）

芦笙舞传承人李石开一家

能跳“繁体字”版芦笙舞的李倮宝老人向年轻人传授舞步（图/董宸）

酒井乡老达保村的芦笙舞传承人李石开一家是个四世同堂、多才多艺的拉祜人家，拉祜族特有的音乐能力和音乐经验在这个家族中得以传承，这是一种源自血脉和文化基因的家族传承。

我们刚从其他村寨进到石开大哥的竹楼家中，忽闻芦笙的曲调，大家循着声音，看见一位身穿传统拉祜族服饰的老人远远地吹着芦笙跳着舞，一进一退、一步一跳地进入我们的视线。这位老人便是家中的老爷爷李倮宝，已经七十多岁。老人纯朴而睿智，信手拈来的旋律和舞步，以及自若的神态，令芦笙舞那么好看，芦笙那么好听，让人真正感到一种自在和满足。老人告诉我们说，他刚才跳的是“串门调”。接着，老人边跳边解释，每一套芦笙舞，他都能讲出一个故事，而这些故事大都与葫芦有关，也都是从拉祜族创世史诗《牡帕密帕》中得来的。

平时自信而活泼的李石开在一旁谦虚而又认真地看着父亲的舞步，露出敬佩的神情，带着儿子、孙子一起跟着老人学跳起来，不时被严格的老爷爷打断。老人大声地用拉祜语指出身体动作、芦笙曲调不对的地方，大家嘻哈一通又接着学跳，非常热闹而又开心。石开大哥不断地对我们说，这才是真正的芦笙舞，是“繁体字”版的芦笙舞，我们都不会跳，我们跳的是“简体字”版……

作为芦笙舞的重要传承者，李倮宝这样的芦笙舞者是拉祜族社会中的特殊人物。老人们都自觉或不自觉地承担起传承的义务，并在不断积累、加工的基础上，逐渐形成了自己的特色和风格。当舞场上出现竞技斗演时，他们便扮演着重要的角色。热烈的欢呼声和助兴的村民们，都会激发芦笙舞者们将身上潜在的意识和能量毫无保留地表现出来。这些令人兴奋的景象更会刺激他们投入到芦笙舞的跳跃中，并继续去模拟和再创造，这正是拉祜族芦笙舞的魅力以及得以传承的重要原因。这个芦笙舞者的群体是民间传承的基础，不仅传承了特定的文化因素，更保存了永久的族群标志。

撰稿专家

黄凌飞，云南艺术学院教授，中国少数民族音乐学会理事，国际传统音乐学会（ICTM）会员。主持“中国南传佛教音乐的人类学研究”“云南特有民族传统乐舞传承生态观的当代实践”等多项国家社科基金及省部级课题。出版专著《歌的记忆》《中国南传佛教音乐的人类学研究》《拉祜族葫芦笙舞的实地考察》等，发表论文多篇。

《拉祜族葫芦笙舞的实地考察》

扫描二维码，
阅读专家代表著作的电子版

拉祜族服饰是林中的彩虹，华丽而又典雅(图/苏锟)

第6章

林中的彩虹

服饰

本章主撰稿人：云南省社会科学院研究员　苏翠薇

拉祜族服饰是林中的彩虹，民族文化中的瑰宝。多彩绚丽的服饰是山林中一道美丽的风景线。它典雅、高贵、古朴，色彩斑斓，美丽动人。睿智的妇女用灵巧的双手编织着拉祜民族悲壮的历史、自强不息的民族精神，以及人与自然和谐共处的生活画卷。

拉祜族服饰因分布区域、族系不同而异，服饰形式多样。这些多样的内容和形式，包含着民族生存环境、民族迁徙、战争、生产劳动、宗教信仰、节日庆典、民族审美、价值取向、人与自然和谐的理念等一系列历史文化内涵。

拉祜族崇尚黑色，以黑为美，这主要源于他们刀耕火种、忙碌繁重的粗放耕作方式。然而，简单的黑色并不是拉祜人的全部追求。拉祜人以自己的审美心理，巧妙运用色彩，创造出与服装协调统一、色彩强烈的装饰图案，并将图案艺术扩展运用到生活的各个方面。

除了作为底色的黑色以外，拉祜族服饰图案色彩以红色为主调，黄、绿、蓝、白等为辅助色彩。红色的主调符合拉祜人豪爽、开朗、活泼的民族个性。拉祜族服饰的色彩对比强烈，华丽明亮，构成了富丽的格调，但又避免了杂乱炫目、难以协调的弊病。

澜沧县西南部的拉祜西有一个传说，认为彩虹是一位美丽的少女变的，所以拉祜族女性的服饰上常用红、橙、黄、绿、青、蓝、紫等不同的色彩和彩虹状的图案。人们通常以李花象征男性服饰，编织出男性奔放、豪迈的大裆裤；以绚丽多彩的桃花象征女性服饰，编织出女性艳丽、婀娜的七彩人生。拉祜族妇女还喜欢佩戴银项圈、耳环、手镯等饰物，更增添了女性的魅力。

兼具南、北方民族特色的拉祜族服饰

既有高开衩的长袍，也有婀娜多姿的短衣筒裙

历史上的拉祜族是迁徙漂泊的民族，所以拉祜服饰既有北方民族服饰的特征，又具有南方民族服饰的特点。高开衩的长袍是甘青高原妇女服饰的典型款式，而婀娜多姿的短衣筒裙则为南方民族的常服。

创世史诗《牡帕密帕》中这样叙述：拉祜族早先居住在“糯海厄波”（今青海湖）一带时，在“江西支”（江西街），厄莎看到拉祜人没有衣服穿，便赐给“补哟里哟”（棉花种子），教他们纺织。拉祜族妇女就仿照“江西支”样式做成斜开襟长衣，仿山里的石头花纹、蕨菜叶、虫吃过的树叶做成红、白、黑的几何图案，嵌在斜开襟边沿，用色线和线带组成蕨纹镶在胸围及托肩部位，仿喜鹊羽毛在袖管上织成黑白道的花纹做成妇女衣服的袖饰。男式服也仿喜鹊做成无领短衣，外套黑面白里的褂子，如喜鹊一般漂亮。这就是拉祜族服饰的雏形。这个传说中所指的，是拉祜族传统的服饰式样——长衣筒裙型、长衣长裤型女式服饰。

长衣筒裙型、长衣长裤型女式服饰保留着浓厚的古代北方民族的特点。上衣为左右两侧腰间开衩的长袍，传说是仿照“江西支”（江西街）幽长的街道缝制而成，衣领周围和衩口两边镶有几何图纹布块，沿衣领边胸襟嵌若干排列成三角形的银泡，象征着温馨秀美、风调雨顺、丰衣足食的村寨。两袖用红、绿、白、黑等各种颜色的布条和各色丝线镶成精美的图案。长衣筒裙型、长衣长裤型女式服饰主要分布在普洱、西双版纳、临沧等地的拉祜纳、拉祜西、拉祜族老缅人等地区。

除此以外，短衫筒裙型服饰也是拉祜族妇女服饰的重要式样，这种服饰展现出妇女的婀娜多姿、楚楚动人。短衫筒裙型服饰上为斜襟或对襟、无领、窄袖口的短衫，下为筒裙，短衫和筒裙上均绣有精美的几何图纹。这类服饰

澜沧县长衣长裤型女子服饰（图/苏翠薇）

澜沧县长衣筒裙型女子服饰(图/苏翠薇)

在与傣族等其他民族杂居的拉祜族中较多，主要分布在澜沧县、孟连县、景谷县、勐海县等部分拉祜西、拉祜纳地区。

历史上，拉祜族还曾经就地取材，制作原始的树皮衣、千蜘丝网衣、棕树蓑衣等。镇沅拉祜族苦聪人至今还有树皮衣、千蜘丝网衣、棕树蓑衣的遗存。相传拉祜族祖先居住在青海、甘肃一带时，在原始森林中发现了一种叫做火神树的树种，树皮很容易剥取，于是他们进行采集、加工，把树皮制成衣服，避风御寒。千蜘丝网衣则是镇沅拉祜族苦聪人采集林中的蜘蛛的网丝，除去树叶、蜘蛛壳等杂质，用纯蜘蛛丝加工而成。千蜘丝网衣轻柔性、保暖性、防水性较好，一般在开荒垦地或祭祀活动中穿着，也是一种权力的象征。镇沅拉祜族苦聪人地区棕树较多，过去苦聪人家几乎家家都会制作蓑衣，人人有蓑衣。棕树蓑衣用棕树皮缝制而成，可以当被褥和垫子，御寒保暖，防水防潮，曾是苦聪人日常的生活用品。

神奇绝世的千蜘丝网衣

拉祜族苦聪人长年居于山中，生产力发展十分缓慢，他们只能靠大自然的恩赐，以满足衣食之需要。住山洞，穿树皮、兽皮蔽体，是他们长期的生活方式。最奇妙的是，苦聪人竟然从林中搜取蜘蛛网打制、缝制，成为能保暖的衣物，人们称之为“千蜘丝网衣”。

苦聪人搜集来制作千蜘丝网衣的蛛丝，为哀牢山中特有的一种蜘蛛所产。这种蜘蛛生活于树枝上，腹部有拇指般大小，背部有黄黑相间的条纹，其丝金黄而有黏性。由于苦聪人生活异常艰难，也不会种棉织布，为了蔽体和保暖，他们就到山林里搜集蜘蛛的网来做衣服。千蜘丝网衣是打制而非编织而成的，所有的丝网搜集来后放在一起，用光滑的木棒捶打，使蛛丝融合，形如棉絮，辅以简单的缝制即可。

千蜘丝网衣是苦聪人森林生活时代的产物，随着苦聪人走出深山密林，走向定居生活，他们的生活状况日益改善。如今的苦聪人，几乎都到城里或集市里购买成品衣服穿，年轻人穿着也变得颇为时尚。千蜘丝网衣自然也成为历史的遗物，现在已经很难找到会制作这种衣服的人了。

(文/张锦鹏)

服饰承载着拉祜族厚重的历史文化

无声的语言，绚烂的色彩

拉祜族服饰承载着拉祜民族迁徙、战争、生产、生活、宗教、节庆、环境、审美观、价值观等历史文化。

凸显拉祜族生计的服饰图案

猎路花、弩牙花、扁担花服饰符号反映了拉祜族游猎游耕的生活方式。历史上拉祜族多居于山区，茂密的森林和丰富的动物，方便人们采集和狩猎。至今，人们将箭羽的形状缝制在妇女的衣服、裤子上，这种服饰符号叫猎路花；将弩羽的形状缝制在妇女衣襟边沿，这种服饰符号叫弩牙花。它们主要由红、黑、黄、白等色彩构成。

扁担花图案流行于双江拉祜族地区。双江拉祜族认为他们的祖先原先居住在深山老林，以狩猎为生。他们用树藤搓成绳子，将猎物拖回村寨，回到村寨后，才发现猎物少了、脏了，心里很是苦恼。有位名叫扎发的男子与妻子上山劳动，半路看到一棵又粗又直又长的树，他就砍下这棵树放到自己肩上，挑起随身物品。扎发回到家后感觉既轻便又省力，挑的物品也很干净。于是，扎发的妻子将树砍为小段，制成扁担，往后扎发再猎获猎物，就用扁担挑着回家。从此，拉祜族就用红、黑、白、黄等彩线缝制在妇女的裤脚边上，作为纪念。

恋爱花和兄妹花：民族繁衍和团结的象征

恋爱花和兄妹花是拉祜民族生存繁衍和团结发展的象征。恋爱花、兄妹花图案源于拉祜族阴阳成双、公母成对的价值观念。

服饰上的彩虹图案（图/苏翠薇）

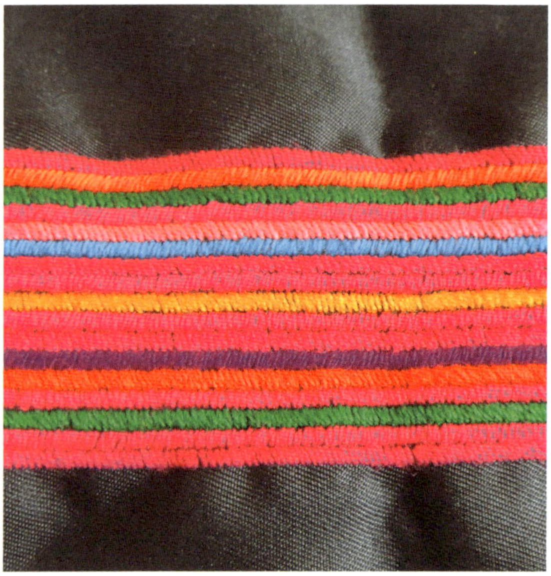

弩牙花服饰图案（图/苏翠薇）

拉祜族创世史诗《牡帕密帕》讲述人类祖先扎迪娜迪从葫芦里出来后，厄莎让扎迪和娜迪结婚，扎迪娜迪说他们是兄妹，不能做夫妻。最后厄莎让扎迪娜迪吃了相思药，两人才互相迷恋，婚配成功。人们将恋爱花缝制在服饰上，寓意男女恩爱永恒。恋爱花由红、黑、白三色组成，缝制在服饰边沿或挎包上。如今双江拉祜族地区仍保存着拉祜族少女亲手将编制的挎包当作定情信物赠予恋人的习俗。

兄妹花图案一般由黑、白布条缝制于女式服饰上，它是拉祜民族团结发展的象征。拉祜族迁徙史诗《根古》讲述，由于人口增多以及受外族侵略，拉祜族为了民族的生存发展不得不进行迁徙。他们来到"牡缅密缅"（今临沧坝子）居住了很多年，人口又增加了，于是就分为两个大部落，即哥哥部落和妹妹部落，哥哥部落有77个小部落（寨子），妹妹部落有99个小部落（寨子）。哥哥部落住在牡缅坝头，妹妹部落住在牡缅坝尾。坝头河水流坝尾，哥哥妹妹心连心。一天，哥哥猎获一只豪猪，妹妹猎获一只马鹿，豪猪肉分一半到妹妹家，马鹿肉分一半到哥哥家。妹妹见到豪猪肉，心里很生气，心想："马鹿毛只有脚毛粗，身子有这么大。豪猪毛有筷子粗，身子一定比牛大。"妹妹责备哥哥分肉不均，就带领部落离开哥哥南下。后来妹妹猎获了豪猪，才知道错怪了哥哥。妹妹想念哥哥，于是就捡来枯柴和牛粪燃烧。哥哥闻到牛粪味，知道妹妹想念自己，就将响篾放在饭盒里，邀请妹妹回到牡缅。兄妹花的传说道出了人心不能离散的哲理，道出了团结发展的生存之道。

双江拉祜族还有一个关于兄妹花的传说。有拉祜族兄妹二人从厄莎处求得棉花的种子，开荒种植，纺织棉布，但是他们不会缝制服装。一天，兄妹二人到厄莎居住地，在那里遇到了喜鹊和乌鸦。妹妹受到鸟类羽毛的启发，把织出来的棉布缝制成喜鹊类型的黑白相间的女式服装，把男式服装缝制成乌鸦类型的全黑服饰。同时，哥哥提议将四方开块缝制在衣服上，若日后离别，就可以此为标志相认。从那以后，不论什么时间、什么地点，看到对方身着黑白相间、四方开块的服饰，拉祜族人都要把对方当作自己最亲的兄弟姐妹来对待。

恋爱花由红、黑、白三色组成，缝制在服饰边沿或挎包上
（图/苏翠薇）

源于厄莎崇拜的太阳花图案

太阳花以及各种花草符号象征着人们的厄莎崇拜、自然崇拜。拉祜族通常将太阳、月亮等作为厄莎的象征，在裤脚边绣制被人们称为"太阳花"的图案。双江拉祜族地区传说，太阳是厄莎造天造地时用右眼做成的，为了感谢厄莎给大地带来了生命、阳光、温暖，人们就在服饰上缝制"太阳花"，以示对厄莎的崇拜、尊

太阳花服饰图案(图/苏翠薇)

狗牙花服饰图案(图/苏翠薇)

敬和感恩。双江拉祜族地区还流传着这样一个故事：有一位拉祜村寨的头人叫各页扎克，他每天天没亮就摸黑到山上打猎，下扣子，看扣子，到了太阳出来的时候就会收获很多猎物。他回到寨中高高兴兴地与村寨的男女老幼共同欢庆、分享。后来，拉祜族为了纪念那段美好快乐的生活，以树为针，用藤作线，在地上画出“太阳花”，然后用红、白、黄、绿等线，绣制在裤脚边沿。

星星花、蚂蚁上树花图纹源于拉祜族的自然崇拜。星星被拉祜族当作生命力强、繁殖能力强的葫芦种子，象征儿女的兴旺发达。基于这个美好的象征，人们就将星星花绣制在妇女裤脚边沿。

狗牙花反映拉祜族对狗的特殊感情

狗牙花是拉祜族狗崇拜的象征。拉祜族狗牙服饰符号分为上牙和下牙，通常用黑、白布缝制在衣襟边沿和挎包上。拉祜族对狗有着特殊的感情，认为狗是人们狩猎和生活中的亲密伙伴。拉祜族民间故事中讲到狗为人类带来了粮食种子；创世史诗《牡帕密帕》中讲到拉祜族先祖吃狗奶长大；还有一种说法是狗能与鬼神通话，能帮人们把鬼撵走。每当到了拉祜族传统节日新米节、“扩”(拉祜年)时，人们的第一件事是点香点蜡祭献厄莎和祖先神灵，而后便是给牛、狗吃节日粑粑等。拉祜族禁食狗肉，拉祜纳、拉祜西分布地区还有“吃狗肉眼睛瞎”的说法。有的拉祜族地区还保留着狗死后将其埋葬的习俗。

含义丰富的拉祜族银饰

银饰是拉祜族服饰的重要标志之一。领口和衣肩一环圈一环的条纹，以及衣襟边沿用银泡排列成的三角形象征着谷堆和财富。有的服装在衣襟边沿缝制两条银泡，表示拉祜族赖以生存的澜沧江流域。有的在布条上再缀上若干排银泡，银泡数量须为双数，因为拉祜族认为“吃饭的筷子必须是一双才能夹住东西，走山串寨，必须有个伴”。

澜沧县竹塘乡拉祜族老缅人服饰以银饰和条纹为主要装饰。例如沿衣领右边胸襟嵌若干排列整齐的银泡，有的还在领口、衽边处缀有银币、银泡，甚至在腰部开衩处还缀有银币、银泡。

此外，拉祜族的银饰品还有银项圈、银手镯、银耳环、银坠子、芝麻铃等，以形制粗大者为珍品。

拉祜族女性的服饰上常用红、橙、黄、绿、青、蓝、紫等不同的色彩，如彩虹般绚丽多姿（图/谭春）

左图：拉祜族服饰上丰富的银饰，三角形银泡象征谷堆和财富（图/陈丹正）

纪念迁徙历史的三道红色花纹

手臂部位的红色花纹服饰符号反映了拉祜民族英勇善战、不畏强暴的品格。澜沧县东回乡一带的拉祜族妇女在长衫衩口及衣边、袖口、托肩上镶有较规则的菱形图案，手臂部位有三道明显的红色花纹，据说它象征着拉祜族迁徙史上三次大的战争，每次战争都迫使拉祜族进行大规模的迁徙。为了纪念在这些战争中死去的人，人们在服饰上留下了这样的标志。

崇尚黑色，五彩缤纷
——拉祜族服饰的色彩世界

在拉祜人的审美世界中，黑色通常被认为具有纯正、典雅、高贵之意，也反映出拉祜族游猎轮歇耕作的特征，以及勤劳俭朴的民族秉性。直到现在，仍有许多人把“乌鸦羽毛一样黑”的颜色当作最美的颜色。拉祜族崇尚黑色，以黑为美，这主要源于他们刀耕火种、忙碌繁重的粗放耕作方式。每年3—4月份后，人们通常用“人与烧焦树桩分不清楚”形容生产劳动的辛劳和忙碌。双江拉祜族地区则传说，男子服饰以黑色为主，是因为男子黑夜里行走打猎的需要。

多数拉祜纳地区的人认为由红、白、黑三色线各四根扭成的线（有人称之为“红线”）是吉祥幸福之线，它只能拴在那些对拉祜族群众有功劳的人或新婚夫妇、出远门办事的人的脖颈上。因此，在这些地方不难见到由红、白、黑相间的服饰。

有许多拉祜西地区崇尚白色，因此民间流行白线，其象征意义与“红线”相同。在这些地区，白色男上衣随处可见，但未发现白色裤裙，这与拉祜族史诗《牡帕密帕》中关于“穿白衣的是伙子，穿红裙的是姑娘”的描述相一致。

澜沧县糯福乡的拉祜西认为，主要由赤、黄、绿构成的彩虹是由一位美丽的少女变的，民间称之为“阿妈娜西”（彩虹妈妈之意）。据说这位少女为争取自由婚姻而变成了彩虹，为珍惜这来之不易的自由婚恋，拉祜西妇女筒裙上都绣有彩虹状图案。

由于拉祜族人将不同的颜色赋予了不同的文化内涵，因而对不同的颜色有不同的心理反应和审美倾向，所以在选购服饰和服饰制作材料时，对颜色有不同的偏好和选择。这也是拉祜族服饰呈现出五彩缤纷、具有明显的支系特征的原因之一。

澜沧县南岭乡服饰。黑底色与多彩的装饰色形成强烈的对比（图/姚倬）

最具特色的饰物——包头和挎包

拉祜族的标志性饰物

黑布包头是拉祜族迁徙和战争的见证

拉祜族在历史上是漂泊迁徙的民族。身着长衣筒裙型、长衣长裤型女式服饰的拉祜族地区，头部往往缠有一至二丈长的黑布包头，这是拉祜族迁徙历史和战争的见证。根据迁徙史诗《根古》讲述，由于人口的增多和外族的侵略战争，拉祜族地区战事频繁，先民在肥沃的阿沃阿戈东又遭受了外族入侵。拉祜人战败后，迁出阿沃阿戈东，但是妇女没有来得及撤出。男人们历经千辛万苦，寻找到了新的生存之地"糯弄糯谢厄"（湖水之意，拉祜族指洱海和滇池之地），又返回阿沃阿戈东营救妇女。拉祜人多次与官府协商无效，于是在没有月亮的晚上，妇女们灌醉了官兵。男人们用99条包头，分33处救出了妇女。为了纪念这次突围，今天拉祜族妇女的包头两端都要留33根长穗。

澜沧县西南部的拉祜西有这样一个传说：祖先从葫芦里出来之际，厄莎不小心砍破了拉祜西祖先的头，然后用白布来包扎头部。从此，拉祜西在节庆、宗教仪式或发生战事时，都要包白头巾，以此增强民族认同感。

男女出门都喜欢携带的拉祜族挎包

织锦挎包既是体现拉祜族妇女纺织工艺技术的饰物，又是拉祜族工艺美术的重要代表。拉祜族男女出门时都喜欢携带挎包。古代的挎包用青蓝布制成，没有绣花和其他装饰。织锦工艺的传入，使原先只用来盛物的

心灵手巧的拉祜族妇女在挎包上编织出美丽的花纹图案（图/苏翠薇）

简朴的挎包变得丰富多彩，成为拉祜族服饰的重要组成部分。

织锦挎包由织锦制作而成。织锦宽10厘米左右，用提经或针挑提花而得，在空间的安排上有上下纵列和左右横列两种。挎包品种繁多，色泽鲜艳。挎包上有山、波浪、星星、箭羽、狗牙、蕨叶、竹叶、鱼篓、彩虹、动物和工具等图案。挎包的颜色搭配或为红、白相间，或为黑、白、红、绿相间，色彩对比强烈。

拉祜族的挎包具有丰富的文化内涵，不仅具有实用价值，还是男女青年的爱情信物。澜沧江西岸各地拉祜族姑娘有将亲手织绣的织锦挎包当作定情物赠予恋人的习俗。

串婚中的“抢包头”习俗

文/张伟

包头与拉祜族的婚俗息息相关。拉祜族串婚是青年男女自由恋爱的一种方式，其中最有趣的就是“抢包头”习俗，抢“包头”即为抢“爱情”。这种表达爱情的特殊方式在拉祜族民间广为流传。“抢包头”的风俗，源于拉祜族民间一个美妙的传说。

拉祜民歌《蜂蜡灯》讲述：很久很久以前，有两家拉祜人，一家住在太阳山，一家住在落阳山。太阳山的人家生了一个儿子，取名叫扎体；同一天落日时，落阳山的人家生了一个女儿，取名叫娜娥。扎体与娜娥从小一起长大，相互间产生了爱慕之情，日久天长，二人恋情越来越深，难舍难分。后来，两家老人发生矛盾，便互筑篱笆，断绝往来，一山看不见一山。但是，青梅竹马一起长大的扎体、娜娥,却依然心心相印，不可分离。在一个美好的春天，百鸟聚在树上欢唱，人们吹着芦笙欢跳，整个山林一片欢笑。这时，扎体、娜娥穿越封闭的篱笆相聚在一起，二人结对起舞，情意绵绵，爱恋深深。扎体一把抢走了娜娥的包头巾，娜娥的一头秀发飘洒在肩上。她含羞带笑紧紧跟上扎体，拉住包头巾的末端。扎体、娜娥各拉着包头巾的一端，一直追到寨边竹棚下。这时夜幕已临，洁白的月光洒在这对情人的身上。在绵绵的细语声中，扎体和娜娥互换了银镯，互交了两颗赤诚的心。双方表示，无论发生什么事，永远也不离不弃。从此以后，拉祜男女谈恋爱便有了抢包头的习俗。

串婚时，小伙子总要千方百计设法将自己心仪的姑娘的包头抢到手。如果姑娘也看中抢包头的小伙子，那么她就会半拉半就，或者任凭小伙子抢走，女孩假意去追回包头，一直追到没人的地方才停下。男女双方用芦笙和响篾互诉衷情，等到离开时，男方用准备好的银手镯、头巾、花布或色线等送给姑娘，女方送男方包头或挎包，这些都代表了男女忠贞的爱情。如果女方看不中抢其包头的小伙子，那么一般包头不容易被抢去，即使抢去，她也会设法要回。通常，要包头时，女方必须备点礼物，托人带给抢包头的小伙子。按照拉祜人的习俗，女方索要包头，则表示不同意亲事，男方就不能强求，也要有礼貌地送一点东西，包在包头里托来人交还给女方。

拉祜族男子的黑布包头(图/苏翠薇)

流淌着自然清香的拉祜族服饰制作工艺

纯天然原料，纯手工制作

拉祜纳妇女用传统织机织布（图/谭春）

拉祜族传统服饰的制作工艺历史悠久，创世史诗《牡帕密帕》中就有拉祜族如何种棉花、纺线织布、染棉布等的记述：“过完拉祜年‘扩’，人们到至上神厄莎处求得棉花种子，用章利（拉祜语，意为铁匠）的钐刀等铁具在澜沧江畔的白花树林开山烧山火地，种植棉花收获棉花，将棉花放进轧花机纺出棉线，再用棉线织出棉布，用染料染出红布黑布，黑布缝制上衣和裤子，红布缝制裙子，女人穿长衣，男人穿短衣，女的穿裙子，男的穿裤子。”

云南拉祜族地区有一部分种植了棉花，学会了纺织，但有些地区并没有种植棉花，也没有纺织技术。一直到20世纪50年代，双江拉祜族地区还有种植麻的传统。现今，传统纺线织麻已经消失。

澜沧县拉祜族传统的棉织多用脚踏式纺织机，即在房前的地上栽4根木桩，搭成一个架子，用脚踩动，以手穿梭，辅以“篦子”固定纺织线。

染织土布有一套严格的工序，即采集原料、捣细、发酵、泡染、晾晒等，流淌着自然的清香。澜沧县勐朗镇松山林村传统上采集野生“咖”（乔木植物）、“嫁凯喏”（藤类植物）与“喏”（蓝靛）作为制作染料的原料。拉祜族妇女会染黑、青蓝等色，一般喜欢把棉布染成黑色。中华人民共和国成立初期，拉祜族仍喜欢穿自制的土布。目前，自制土布逐渐减少。

拉祜族服饰的织绣工序繁复，以镶、嵌、绣、拼、挑等多种手法结合。从农历冬月到翌年春季拉祜年前后，拉祜族村寨特别热闹，人们享受着劳动丰收的喜悦。妇女们三五成群邀约在一起，说说笑笑，一边带小孩，一边缝制衣物。拉祜族传统服装，都用麻布或棉布手工制作，具有美观、经济、结实、舒适等特点。

蒋石妹与拉祜族服饰的深厚情缘

蒋石妹在缝制拉祜族服饰(图/苏翠薇)

拉祜族有一句民谚:“不得穿衣是婆娘无能,不得吃肉是汉子无能。”蒋石妹是缝制拉祜族服饰的能手,与拉祜族服饰有着深厚情缘。2003年,她被云南省文化厅正式命名为拉祜族服饰制作工艺艺人。2008年,她入选云南省非物质文化遗产“拉祜族服饰习俗”保护传承人名录。

蒋石妹生于1947年,父母是澜沧县东回乡拉祜族。由于小时候家庭困难,她没有上过学。母亲娜儿勤劳、贤惠、手巧,拉祜族的长衫、短衣、裤子、裙子、挎包样样会做。蒋石妹说,生产生活的用具,她的父母样样自己做;家里穿的也是一样,都要自己做,她从儿童时就跟着母亲学习缝制。

松山林村属于澜沧县勐朗镇,距县城约有8公里,居住着拉祜纳支系,是交通经济条件较好的村寨,缝制服饰和挎包是村寨的经济来源之一。蒋石妹的丈夫在松山林村教书,婚后蒋石妹就随丈夫在松山林村务农,闲暇时间缝制家用的拉祜族服饰。改革开放初期,蒋石妹缝制的服饰就已经具有拉祜族元素浓郁、裁缝合身、手工工整、镶边精细、钉泡有序等特点。最有个性特点的是她用自己的手掌作为量裁布料的“尺码”。蒋石妹缝制服饰,以镶、嵌、绣、拼、挑等多种手法结合,工艺精致复杂。纯手工缝制一套传统拉祜族女装需要三四个月,有的甚至需要花半年时间。改革开放后,蒋石妹买了一台缝纫机,加快了缝制速度。

蒋石妹说,她的父母都是自己种植棉花,自己轧棉纺线。她在15岁左右还采棉轧棉,会纺线。她说,

20世纪50年代以前，村寨里的服饰都是长衣长裤或长衣长裙。合作社时期为了方便生产劳动，加上受周边傣族的影响，人们将传统的长衣长裤或长衣长裙服饰改进为短衣短裙型或短衣长裙型。改进型服饰依然具有拉祜族元素，以黑色为基调，上身为圆领、开襟、窄短衫，中间开襟。开襟左右两边、袖口、臂部、背后等处镶有各种彩色布条，在布条和花边旁钉有银泡、珠子、银坠子等作点缀。这种服饰既有山地民族的特性，又显得新颖、端庄、古朴。此后，传统的长衣长裤或长衣长裙服饰和短衣短裙型或短衣长裙型并存。经改进后的短衣短裙型或短衣长裙型服饰逐渐流行，传统的长衣长裤或长衣长裙服饰逐渐成为老年人服饰或家庭压箱之物。

20世纪80、90年代至21世纪初，是蒋石妹缝制服饰的高峰。1992年葫芦节被确定为拉祜族正式节日以后，人们对拉祜族服饰的需求不断增加。进入21世纪后，蒋石妹每年要缝制70套左右的女式服装，以及700—800个挎包。

近两年，年事已高的蒋石妹视力下降，基本不再缝制服饰了。由于市场需求量大，现在松山林村的妇女几乎个个会纺织，裁缝水平越来越高，式样越来越多，手工越来越精细。蒋石妹也很高兴，因为拉祜族服饰逐渐走向市场，村寨里越来越多的年轻人学会了服饰制作，为传承和延续拉祜族服饰文化增添了新鲜血液。

20世纪50年代的拉祜纳妇女服饰，为长衣筒裙型（图/云南省社科院）

撰稿专家

苏翠薇，拉祜族，云南省社会科学院研究员，云南省民族学会拉祜族研究委员会副会长兼秘书长，云南省民族学会副秘书长。主要研究方向为拉祜族历史与文化、云南少数民族基督教及原始宗教等。主要著作有《走近中国少数民族丛书·拉祜族》《猎虎卡些》等，发表《拉祜族扩塔节的文化内涵和当代意义》《拉祜族厄莎信仰与基督教的互动整合》等论文多篇。

《猎虎卡些》

扫描二维码，
阅读专家代表著作的电子版

澜沧县酒井乡老达保村的演出，已经成为拉祜族的一张文化名片(图/郑宪章)

第7章

四季如春的边疆宝地

走进拉祜族

本章主撰稿人：上海画报社资深记者 摄影家　姚伟

拉祜族生活的这片土地，是一片神奇而绚丽的土地。山环抱着水，水拥抱着山，风光秀丽，景色迷人。优越的气候条件，使得这里四季如春，繁花似锦。这片拉祜人世代生活的热土，素有"拉祜山乡，边疆宝地"的美称。

想要感受和体验厚重而又多彩的拉祜文化，最好的选择就是前往澜沧拉祜族自治县。一个个别具特色的拉祜村寨，从不同侧面展现着拉祜人的勤劳和智慧：拉祜传统文化保留最完整的糯福南段，原生态的拉祜山乡南岭勐炳，拉祜族编织之乡富邦佧朗，唱响《快乐拉祜》的酒井老达保，拉祜族摆舞之乡东回班利……它们像一粒粒闪亮的珍珠，镶嵌在澜沧江两岸的崇山峻岭之中。

拉祜族是有着悠久种茶历史的民族，"普洱茶"天下闻名。景迈山的千年万亩古茶园，是目前世界上保存最完好、年代最久远、面积最大的人工栽培型古茶园，被誉为"茶树自然博物馆"，被联合国粮农组织列入"全球重要农业文化遗产"名单。到拉祜山乡旅游，品质优良的茶叶自然不容错过。

在拉祜山乡这块美丽的土地上，除了拉祜族以外，还生活着佤、哈尼、傣、布朗、彝等各族人民，共同编织着拉祜山乡古老而璀璨的文明。做客拉祜山乡，无论你走到哪里，热情好客的各族人民都会用他们特有的隆重礼节招待你。多姿多彩的传统习俗，原汁原味的美味佳肴，脍炙人口的传说故事，散发着神秘气息的民族歌舞，都会让你如痴如醉，流连忘返。要是有幸能赶上传统的年节、"葫芦节"等民族节日，各族人民便会欢聚在一起，通宵达旦地放歌欢舞。置身这歌的世界、舞的海洋中，你会久久不愿离去……

拉祜族文化深度游

亲密接触原汁原味的拉祜族文化

去拉祜族聚居区旅游，最佳的选择是前往普洱市的澜沧拉祜族自治县。想要深度了解拉祜族的历史文化，可以从澜沧县城开始你的行程。糯福南段、酒井老达保、南岭勐炳、富邦佧朗、东回班利等充满原汁原味的拉祜族风情的村寨是你与拉祜族零距离接触、深入体验拉祜族生活和文化的绝佳选择。

最大的拉祜族城镇——澜沧县城（勐朗镇）

澜沧县城是探访拉祜族的第一站，县城内扎娜惬阁、葫芦广场和北郊的拉祜风情园都是了解拉祜族文化的好去处。

“扎娜惬阁”原意是拉祜族祖先扎迪娜迪生活的地方，现引申为“幸福快乐之园”。“扎娜惬阁”现为澜沧县接待处，是接待贵宾的地方。主要由扎娜花园、扎娜雕塑和六幢富有拉祜族特色的建筑组成，按照创世史诗《牡帕密帕》中的传说故事和典故来布局和命名，是展示拉祜族历史文化的重要窗口。

葫芦广场从高空看去是一个葫芦的形状，表达着拉祜族人对葫芦的热爱之情。广场能容纳5万余人，是澜

雾气缭绕的野阔森林（图/谭春）

沧各族人民展示多姿多彩的民族文化的舞台，也是每年举办拉祜族最盛大的节日——葫芦节的主要场地。

拉祜风情园位于县城北郊，是集中展示拉祜族文化的精品景区。园内建有澜沧县8个世居少数民族的民居馆，反映拉祜族创世传说的雕塑，以及反映各民族团结进步的雕塑，充分展示了拉祜文化的丰富内涵和深厚底蕴。

拉祜传统文化保留最完整的糯福南段村

糯福乡南段大寨（图/谭春）

糯福乡距县城72公里，最著名的景点当数糯福教堂。糯福教堂始建于1920年，总面积506.6平方米。该教堂为干栏式结构围廊建筑，内部装饰为欧美教堂式风格。内有礼拜堂、拉祜文教室、牧师休息室。2013年列入第七批全国重点文物保护单位。与糯福教堂毗邻的阿里、班角两个村寨，是通向缅甸的便捷之道。

糯福乡的南段村，是拉祜族神鼓诞生和敲响的地方，也是拉祜族传统文化保留最完整的地方。南段村位于中缅边境线附近，村民与缅甸边民同住一座山，同耕一块地。一踏上这块神秘、美丽的边陲之地，就如进入一个古老神奇的世界，寨子四周的大山一片碧绿，古老的树木耸入云天，神秘的寨门建立在进入寨子、佛堂的入口处。一座座干栏式的茅草屋相连在一起，在长年累月的火烟熏烤下，显得十分古老，好像在诉说历史的沧桑。居住在这里的拉祜族同胞，善良、淳朴，有礼有节。任何人进到寨子里，都会受到他们热情的接待，他们的心灵就像一池没有被污染过的泉水。

不可错过的赶街

赶街是很有意思的民俗活动，无论是县城还是乡镇的街市，街子天都特别热闹。街市大部分为七天一街。拉祜族和其他很多民族生活在同一区域，所以赶街天有多种民族穿着本民族的盛装集中出现在集市。赶街不仅是物质交流的场合，还是进行交际的大好时机，去那里旅游、采风、创作的朋友千万不要错过。

澜沧县的东朗、竹塘、上允、糯福，孟连县的娜允、勐马、勐阿，西盟县的勐梭、勐卡，勐海县的勐遮等地都有十分热闹的街子。街子天，你可以拍摄到多个民族的男女老少的形象，可以交到几位淳朴可爱的朋友，可以尝到各种各样的点心、小吃，可以买到各色原生态的蔬菜、水果，可以淘到你心仪的民族民间工艺品，可以选到你需要的野生石斛、野生灵芝等珍贵药材，可以买到完全手工加工的优质乔木茶……总之，你可以在街子上度过丰富、快乐的一天。

野阔拉祜——原生态的拉祜山乡

野阔拉祜在南岭乡勐炳村，距县城60多公里。这里有拉祜族原始古山寨、10万亩原始森林、千亩野生茶树和古茶树、拉祜族农耕文化梯田景观等等，是澜沧县重点开发民族文化旅游和自然风光旅游的地方，是国家级非物质文化遗产《牡帕密帕》保护传承基地之一。

野阔拉祜的野阔厄莎惬阁是厄莎文化的延续地。拉祜族口头文学《牡丁密丁》《牡帕密帕》《牡分密分》在那里口口相传，并从那里传向四方。厄莎惬阁的西边是丫口山，那里是澜沧县树木最茂盛的地方。

富邦佧朗——拉祜族编织之乡

澜沧县富邦乡佧朗村是著名的拉祜族编织之乡，距县城64公里，国道214线从南至北贯穿辖区。拉祜族传统编织历史悠久，在漫漫历史长河中，形成了反映自已民族传统文化特色的拉祜族编织技艺。

拉祜族的编织工艺流程复杂，从原材料到加工成成品需要经过几十道工序。拉祜族编织的主要原料有棉线、丝线和黑、红、蓝、绿等各种彩色布料，以银泡、银缀、银珠子、银坠子、项圈、手镯为装饰。拉祜族服饰种类繁多，蕴藏着深厚的文化底蕴。服饰图案丰富多彩，以黑色为基调，其衣服的衣领、襟边等镶有五颜六色的彩饰并缀数排银泡，色彩亮丽。

佧朗村的编织成品有传统佧朗服装、传统佧朗挎包、时尚佧朗服装和各种时尚佧朗香包、佧朗头巾、佧朗围巾、佧朗床单等。这些都是极佳的旅游纪念品。

酒井老达保——唱响《快乐拉祜》的地方

澜沧县酒井乡勐根村老达保寨是国家级非物质文化遗产《牡帕密帕》的保护传承基地，位于澜沧县东南部，距县城50多公里。老达保寨是个典型的拉祜族村寨，寨内拉祜族传统干栏式建筑保存完好，具有浓郁的拉祜族特色。老达保寨还是拉祜族传统文化保存完好的地方，无论男女老少，人人能歌善舞。

摆舞之乡——班利(图/谭春)

老达保寨是唱响《快乐拉祜》的地方，有“一把吉他走四方，快乐拉祜美名扬”的美誉。全寨419人，有252人会吉他弹唱，寨内的雅厄艺术团有团员100多人。他们的拉祜族无伴奏多声部合唱音乐独树一帜，将拉祜族传统音律融入和声中，用拉祜语演唱生产生活的场景，如求婚寻偶、上山打猎等，曲调优美动听，歌词丰富多彩。演唱时手持吉他自弹自唱，可合唱、对唱、独唱。他们虽然从未受过专业训练，甚至连乐谱都不认识，但是凭着对音乐的热爱，他们以自己的体验和感受，唱出了一首首脍炙人口的歌曲，其代表作有《快乐拉祜》《打猎歌》等，深受广大群众的喜爱。

东回班利——拉祜族摆舞之乡

东回乡班利村距县城39公里，是个拉祜族传统民风民俗、民族礼仪、民族歌舞保存完好的地方。

班利村是拉祜族传统舞蹈“摆舞”的发源地，被命名为“拉祜族摆舞之乡”。拉祜族传统舞蹈有两种形式，一种是以芦笙领舞的芦笙舞，一种是以象脚鼓领舞的摆舞。摆舞源于拉祜族的生产生活，是表现劳动丰收的舞蹈，共有80多个套路，基本形式有步伐舞和摆手舞两种。舞蹈内容大多反映的是拉祜族的生产生活情景，有撒谷、栽秧、打谷、扬谷、背谷、舂谷、吃新米等原始古朴的舞蹈动作。摆舞不受人数的限制，十几人、上百人、上千人、上万人都可以跳，一般以围成圆圈跳为主，象征拉祜族的团结。摆舞以舞姿轻柔、舒展、整齐、优美而广受欢迎。

令人垂涎的拉祜族美食

拉祜族喜欢辣、酸、香，无论是菜肴还是零食都体现了这些特点。辣是不用说了，当地有不放辣子下不了饭的说法。辣的种类很多，如鲜辣子、干辣子、油辣子等等。鲜辣子中，当数当地的小米辣最辣，辣得香，辣得过瘾，凉拌菜里是少不了的。干辣子用炭火一烤，或用油一煸，满屋子香，就着炒各色鲜肉、干巴，令人食欲大增。有时炒素菜如蕹菜、卷心菜、小瓜等时也用上干辣子增香、增味。油辣子则用干辣椒、芝麻等辛香食材熬制而成，凉拌、米线、米干、面条都离不开它。

拉祜族的菜肴中，烤肉是极富特色的。新鲜猪肉用栎树炭火慢烤，佐以盐巴、辣椒、八角、小茴香、花椒、草果、大芫荽、香茅草等多种调料，待鲜香四溢、肉色金黄时铺在新鲜芭蕉叶上分食。炭烧牛肉干巴也十分诱人。将用炭火烧烤到外焦里熟的牛肉干巴，趁热装入石臼，用天然石舂舂散纤维，下酒、零食都极佳。也有把烤干巴放在青石块上用栎树棒敲打而成的。

说到酸，拉祜族喜欢天然食材，如青柠檬、嘎里罗（一种天然野果）、多依果等，不仅酸得到位，而且香气扑鼻，勾人食欲。他们还喜欢把酸酸的多依果、青芒果舂碎，拌以盐巴、辣子当零食吃。初入口时感觉辣、酸、涩，但很快回甘爽口，在炎热的时节十分解渴、去暑。还有大名鼎鼎的“酸笋”，系用野生的小苦竹的嫩笋腌制而成。酸笋气味强烈，且穿透力极强，初接触的人往往会被那

生态蜂蜜（图/谭春）

拉祜族生态美食（图/李平）

拉祜族烧鸡(图/谭春)

浓重的气味吓倒，但当你尝到酸笋煮鱼、酸笋煮牛肉后，相信一定会留下深刻印象。其他酱菜如洋姜、藠头、腌菜等都极具当地特色，令人食而不忘。

6月起，随着雨季的到来，各种野生菌纷纷钻出地面，正是大快朵颐的大好时节。牛肝菌、大红菌、见手青、马皮泡、鸡枞、松茸……不一而足。其中，鸡枞最美味，无论是炒食还是煮汤都鲜香得令你咂舌称美。把鸡枞用辣子、素油熬制成油鸡枞则可储存很长时间。雨季中，大量甜笋破土而出，鲜嫩而甜，甚至可以生吃。用甜笋、鸡枞煮的汤，不用其他任何作料，只需稍加盐，即成一份入口不忘的精美鲜汤。

到澜沧，还有两样美食不可不尝。一是澜沧鸡。澜沧鸡有多种烹饪方法，如清汤、黄焖、爆炒、凉拌等等。本地土鸡品种优良，又采用放养，所以肉质特别鲜美。不仅在澜沧，在普洱市政府所在地思茅，以及思澜公

路、版纳到澜沧的公路两旁都有许多打澜沧鸡招牌的餐馆。其中，思澜公路旁热水塘的澜沧鸡最为出名。大小车路过，客人们都喜欢停车点一个“清汤鸡”或“多依鸡”或“黄焖鸡”。二是澜沧腊肉。当地农民还保留着饲养优良黑毛猪的习惯。这种猪生长期长，喂以天然饲料，适时放养，肉质细腻，鲜嫩可口。用当地的岩盐特别腌制的腊肉，肉色鲜红，肥而不腻，鲜香无比。用腊肉切片清蒸、配蔬菜煮汤都是极好的。

不怕品尝昆虫的朋友可以在那里吃到被称作“三宝”的油炸蚂蚱、竹虫、蜂蛹，有时还能吃到炸花蜘蛛呢。这些听来有点可怕的昆虫其实营养很丰富，而且非常好吃，有勇气的游客不妨试着品尝一下。

拉祜族地区风俗禁忌

●大年初一，不准外人入寨，也不能去外寨。在年前已在寨内的客人，也不能离开。过年时禁止说不吉利的话。

●任何人不得在神树林中便溺，违者将受寨规惩罚。

●拉祜族视火塘为神圣之物，外人不得随意触动火塘，不得踩踏、跨越火塘。

●客人不能坐在主人家门槛上，也不得在门槛上削东西。不能进入主人内屋。

●行李等物不能置于神桌上，也不准触摸神台上的小竹筒。

●忌打狗杀狗，忌吃狗肉。认为狗是拉祜族的功臣，狗带回种子，狗能看家，是捕猎助手。吃了狗肉的人，不准进出寨子。

●主人杀鸡招待时，客人不能自己拿鸡头吃；如主人敬给客人，客人必须接受，不能嫌弃或者转送他人，以表示对主人的尊重。

探访千年古茶文化

拉祜族也是种茶历史悠久的民族

拉祜族是一个热爱茶的民族，千百年来种茶、品茶，与各兄弟民族一道，创造了云南独特的茶文化。在澜沧县境内，有两处极为著名的古茶文化景观，那就是景迈千年万亩古茶园和富东邦崴村的过渡型古茶树。这两处茶文化景观是布朗族、傣族先民的杰作，对茶文化感兴趣的读者在赴澜沧旅游时千万不可错过。

古茶园与古村寨的交响
——惠民景迈芒景景区

景迈芒景景区位于澜沧县惠民乡，距县城72公里，是著名的千年万亩古茶园所在地。主要景点有景迈芒景千年万亩古茶园、翁基千年布朗族古寨、糯干傣族风情古寨等。

景迈芒景千年万亩古茶园位于澜沧县惠民乡景迈村和芒景村，距县城72公里。古茶园平均海拔1400米，年平均气温18℃。古茶树分布总面积2.8万亩，有成林成片采摘面积1万余亩，年产鲜叶2000吨，可制干茶500吨。

古茶园中的茶树系当地布朗族、傣族先民所驯化、栽培，迄今已有1800余年历史。生长在万木丛林中的古茶，靠自然肥力生长，无任何污染，品质优良，是纯天然的绿色产品。寄生于古茶树上的植物“螃蟹脚”，品种珍稀，绝无仅有。

景迈芒景千年万亩古茶园是目前世界上保存最完好、年代最久远、面积最大的人工栽培型古茶园，被国内外专家学者誉为“茶树自然博物馆”，是茶树天然林下种植方式的起源地，是茶叶生产规模化、产业化的发祥地，是世界茶文化的根和源，保存完好的茶树基因是未来茶叶产业发展的重要种质资源库。

目前，古茶园已被命名为“中国民间文化遗产旅游示范区”，景迈山旅游景区入选“2011年中国十大休闲胜地”，芒景村被评为“2011年中国最有魅力休闲乡村”之一。2012年，古茶园被联合国粮农组织列入“全球重要农业文化遗产”名单。

世界上唯一一棵古老的过渡型古茶树
——邦崴古茶树

澜沧县北部的富东乡附近有数百亩老茶林，林内有一棵世界闻名的过渡型茶树。这棵古茶树生长在海拔1900米的邦崴村新寨寨脚西北坡园地里。有学者认

古茶树上珍稀的寄生植物——“螃蟹脚”（图/陈丹正）

为，在邦崴古茶树长出以前，古代濮人就已遍植茶树，后因各种自然或人为因素，至今只剩下这最耐寒霜、树龄最老的一棵，专家估计树龄当在1700年以上。

专家组经过多次实地考察，认为它既有野生大茶树的花果种子的形态特征，又有栽培型茶树芽叶、枝梢的特点，是野生型与栽培型之间的过渡类型，可以直接采摘利用。专家们一致认为，邦崴古茶树是迄今为止发现的唯一一棵古老的过渡型古茶树，它不仅是国家的珍稀植物，也是全人类的共同财富。

旅游纪念品

最值得带走的莫过于普洱茶，到古树茶产区带回正宗的古树茶真是物优价宜。石斛（铁皮枫斗）、野生灵芝也是其他地方难觅的天然保健品。云南小粒咖啡也是当地特产，质量相当好，价格便宜。其他的如油鸡枞、腊肉、葛根等都是原生态食品。

上图：邦崴千年过渡型古茶树（图/谭春）

下图：采摘景迈芒景千年万亩古茶园中的茶（图/谭春）

亲近自然，放松身心

拉祜山乡最原生态的自然风景

拉祜族地区群山绵延起伏，河流纵横交错，复杂多样的地理环境造就了丰富而又奇特的自然旅游资源。山水、溶洞、温泉等自然景观是亲近自然、放松身心的优先选择。

孔明山——大地调色板

这是一片约2平方公里的土地，位于澜沧县东朗乡大平掌村，距离澜沧县城16公里。在广袤的大地上，平缓的地带被种上了多种旱地作物和甘蔗。坡地树林丛生，野花遍地，高矮错落，色彩相映，形成了一块奇美的“大地调色板”。季节不同，耕作的时间不同，大地的颜色也会随之不同。冬季最好看，大地露出本色，鲜红色、铁红色、粉红色、黄褐色、灰黑色的土地一山连一山。阳光下，五彩缤纷，浓妆艳抹，煞是好看。

澜沧县有名的大平掌溶洞群也在这里。溶洞群里最壮观的是“五霖洞”，其中有一出水口仅有一个碗口大，但此水取之不竭、用之不尽，舀一碗后马上恢复原来的水位，常年不干涸，喝上一口清甜冰凉，故又称为“凉水箐”。

由高原红土地、自然风光、溶洞等景观构成的澜沧

大平掌村的“大地调色板”（图/谭春）

县孔明山旅游环线，风景独特，特别适合自驾车旅游和摄影爱好者拍摄。

大自然的恩赐：温泉

地热资源是澜沧县的一大特色旅游资源，境内开发利用较早的温泉是县城附近的百草温泉。百草温泉位于县城南郊，为自然温泉，常年水温在65℃以上，每小时出水量为35—40立方米，含硫、硝和多种对人体有益的矿物质元素。这里的风光宜人，依山傍水，绿林成荫，交通便利，是市民及游客娱乐的极佳场所。目前建有宽敞舒适、设备较好的浴室，未来拟建成集休闲娱乐、会务接待、康复疗养三大功能为一体的温泉旅游度假村。

付腊温泉也是澜沧较有名的温泉，位于惠民乡付腊村东部，知了谷自然保护区内的一个山谷之中。多眼温泉从森林间的白沙中溢出，水温约为85℃，属中国少有的砷泉。一条冷泉从山谷中流过，与温泉混合后的水温刚好适合洗浴。特别值得一提的是，每年4月20日—5月20日间，成千上万的知了到温泉来喝水、飞舞、嬉戏、吟唱，蔚为壮观，知了谷也因此得名。目前，付腊温泉区域正在建设旅游度假区。

旅游时间

普洱市的气候和云南大部分地区一样分雨季和旱季两季。雨季一般从6月开始，10月下旬起至11月收尾。雨季雨量充沛，道路比较湿滑泥泞，给出行带来不便。但是，那里的气候条件比较特殊，经常是晚上下雨白天晴好，或者是一天里有两三场阵雨。雨后空气清新，能见度极高。蓝天白云下的苍莽群山、绿油油的梯田、龙竹林后若隐若现的村寨都是观赏和艺术创作的极好对象。同时，雨季的水果、菌类、竹笋、山野菜都是一年中最丰富的。雨季的气温也比较舒适，内地盛暑时，那里最高气温一般不超过30℃。

旱季雨水较少，出行方便。特别是冬季，内地寒冷肃杀，这里照样温暖如春，一片郁郁葱葱。满山野花盛开，在蓝天白云的映衬下煞是好看。而且，拉祜族的重大节日大都在旱季。拉祜族居住比较分散，除了节日和赶街平时难得集中在一起，所以，能够赶上当地的节日就大有收获了。

拉祜族最隆重的节日是葫芦节（从原来的每年农历十月十五至十七改为公历4月8日至10日）和春节（大年初三有隆重的拜年活动），在节日期间前往澜沧能让你饱览拉祜族独特的民族风情，不过要注意提前预订好酒店。如果时间充裕，也可以赴附近的孟连县、西盟县旅游，欣赏并参与孟连娜允神鱼节（每年4月10日—13日）、西盟佤族的木鼓节（每年4月12日左右）。

撰稿专家

姚倬，上海画报社资深记者，摄影家。曾在云南省澜沧拉祜族自治县及思茅地区（今普洱市）工作、生活多年，对当地的民族风情和自然地理有深入的体察和了解。从事摄影工作40多年，摄影作品曾获云南省美术摄影展览优秀奖等奖项。

"中华民族文化大系"牢牢把握为祖国各民族做一张历史文化名片的编辑宗旨，以人为本，从细节入手，力争展示每个民族的亮点、特点和发展过程中的关键点。这套"集大成"之作，从撰稿到出版，历经数载，凝聚了众多专家学者的心血，得到诸多领导、同仁、读者的关心与支持，亦参考借鉴了相关研究成果，因体裁所限，未能逐一标注，特此申明，并深表谢意！

需要说明的是，书中部分文字、图片、音乐、视频等，经多方努力，仍未能找到相关作者或著作权人的联系方式。作者或著作权人如发现请随时与我们联系（meimin56@163.com），我们在核实后将奉上稿酬。

民族文化丰富而博大，繁复而琐细，虽已尽全力核查、考证，但挂一漏万，肯定还存有不少谬误，恳请读者批评斧正。

本书编委会

2017年6月

图书在版编目(CIP)数据

澜沧笙歌 ：拉祜族 / 刘劲荣，张锦鹏主编. -- 上海 ：上海锦绣文章出版社：上海文化出版社，2017.8 (2018.3重印)
(中华民族文化大系)
ISBN 978-7-5452-1883-1

Ⅰ. ①澜… Ⅱ. ①刘… ②张… Ⅲ. ①拉祜族-民族历史-中国②拉祜族-民族文化-中国 Ⅳ. ①K285.8

中国版本图书馆CIP数据核字(2017)第166445号

上海文化发展基金会图书出版专项基金资助项目

责任编辑 陈丹正
整体设计 周艳梅
美术编辑 费红莲
督　　印 张　凯

书　　名 澜沧笙歌——拉祜族
主　　编 刘劲荣　张锦鹏
出　　版 上海锦绣文章出版社　上海文化出版社
出　　品 上海故事会文化传媒有限公司
(200020 上海市绍兴路74号 www.storychina.cn)
发　　行 上海文艺出版社发行中心
(上海市绍兴路50号)
印　　刷 上海雅昌艺术印刷有限公司
版　　次 2017年8月第1版　2018年3月第2次印刷
规　　格 787×1092　1/16　印张　9.75
书　　号 ISBN 978-7-5452-1883-1/G · 723
定　　价 70.00元

故事会 大众文化出版基地 www.storychina.cn　**上海故事会文化传媒有限公司　出品(00640)　www.storychina.cn**

上海故事会文化传媒有限公司所有图书可办理邮购，免收邮费(挂号除外)
汇款地址：上海市南绍兴路74号(200020)
收 款 人：上海故事会文化传媒有限公司出版发行部
联系电话：021-64338113

如发现本书有质量问题。请与印刷厂质量科联系 T：021-68798999